# Emanzipation ist Ehrensache

Netzwerkbeziehungen, Sexualität und Partnerwahl
junger Frauen türkischer Herkunft

von

Heidi Kondzialka

Tectum Verlag
Marburg 2005

Umschlagfoto © Mehmet Dedeoglu

**Kondzialka, Heidi:**
Emanzipation ist Ehrensache.
Netzwerkbeziehungen, Sexualität und Partnerwahl
junger Frauen türkischer Herkunft.
/ von Heidi Kondzialka
- Marburg : Tectum Verlag, 2005
ISBN 978-3-8288-8779-4

Tectum Verlag
Marburg 2005

# VORBEMERKUNG

Die Mikrosoziologie, insbesondere die Soziologie der Geschlechterverhältnisse, war Schwerpunkt meines Studiums der Soziologie an der TU Dresden. Ich bedanke mich daher vor allem bei Professor Dr. Karl Lenz, Lehr-
stuhl für Mikrosoziologie der TU Dresden, insbesondere für die fachliche
Betreuung der vorliegenden Studie.

Während meines sechsmonatigen Praktikums am Europäischen Migrati-
onszentrum in Berlin konnte ich mich in die Themenbereiche Migration
und Ethnizität einarbeiten. Die Konzeption der Arbeit profitiert auch von
den wertvollen Diskussionen und fachlichen Anregungen während dieser
Zeit.

Bei der Kontaktherstellung zu meinen Interviewpartnerinnen waren mir
Ute Kondzialka, Ulrich Höhfeld, Belgin Alakus, Murat Dikmen, Musa
Aktas und Kathrin Marten eine große Hilfe.

Mehmet Dedeoglu und Ilkin Akpinar danke ich ganz herzlich für ihr Enga-
gement für das Coverfoto. Für die kluge und kritische Kommentierung des
Manuskripts danke ich besonders Ulrike Bär. Ulrike Ofner danke ich für
ein ermutigendes Telefongespräch und ihre Bereitschaft, mir vor der Veröf-
fentlichung Einblick in ihre Dissertation zu gewähren.

Ulrich Höhfeld danke ich ganz besonders für die anregenden Diskussionen,
die mich auch daran erinnert haben, mich nicht im Forschungsfeld zu verlieren.

Vor allem bedanke ich mich bei meinen Eltern Ute und Reinhard, die durch
ihre vielfältige Unterstützung und viele wertvolle persönliche und studien-
bezogene Gespräche einen nicht zu ersetzenden Beitrag zu dieser Arbeit
geleistet haben.

Und nicht zuletzt danke ich den interviewten Frauen, die bereit waren, mir
Einblicke in sehr persönliche Lebensbereiche zu gewähren und die damit
die vorliegende Studie ermöglicht haben.

# 1 EINLEITUNG

Die erste Generation der türkischen[1] „Gastarbeiter"[2] in Deutschland hat mittlerweile das Rentenalter erreicht oder steht kurz vor dem Berufsausstieg. Die Mehrzahl der türkischen Migranten hat, entgegen ihren anfänglichen Vorstellungen, nur eine begrenzte Zeit in Deutschland zu bleiben und dann in ihr Heimatland zurückzukehren, ihre Familien nach Deutschland geholt. Ihre Kinder sind zumeist in Deutschland geboren und aufgewachsen und kennen das Heimatland ihrer Eltern meist nur aus Besuchen in den Ferien. Die erste Migrationsfolgegeneration – die sogenannte „Zweite Generation" ist mittlerweile erwachsen und viele haben bereits eigene Kinder.

Die gesellschaftliche Integration der zweiten und dritten Generation wirft auf sozialwissenschaftlicher wie politischer Ebene zahlreiche Fragen und Diskussionen auf. Im Zentrum der öffentlichen Debatte und Kritik stehen sowohl integrationspolitische Defizite seitens der bundesdeutschen „Ausländerpolitik" wie auch Vorhaltungen gegenüber türkischen Migranten bezüglich „mangelnder Integrationsbereitschaft".

Migranten türkischer Herkunft werden auch in wissenschaftlichen Kontexten häufig als „marginalisierte" Zuwanderergruppe bezeichnet. Das Festhalten an kulturspezifischen Norm- und Wertvorstellungen, mangelnde Sprachkompetenz und Religiosität werden gerade in der aktuellen öffentlichen Diskussion zunehmend als integrationshemmende Faktoren angeführt.

---

1 Die Türkei ist ein Staat mit einer ethnisch sehr heterogenen Bevölkerungsstruktur. Die Bevölkerung der Türkei setzt sich neben der türkischen (etwa 70 Prozent) aus verschiedenen ethnischen Minderheiten (etwa 20 Prozent Kurden, darüber hinaus Araber, Tscherkessen, muslimische Georgier, Lasen, Armenier, Griechen, Albaner, Bosnier, Tschetschenen und Abchasen) unterschiedlicher religiöser Ausrichtungen zusammen. 99 Prozent der Bevölkerung ist muslimisch, davon gehören etwa 70 Prozent der sunnitischen Glaubensrichtung an, etwa 15 bis 25 Prozent der Muslime sind Aleviten und eine Minderheit schiitischen Glaubens. Darüber hinaus existieren zahlreiche jüdische und christliche religiöse Minderheiten (vgl. Schmalz-Jacobsen/Hansen 1997: 164). In der vorliegenden Arbeit werden der Überschaubarkeit halber die nationalitätsbezogenen Begriffe „türkisch" oder „türkischer Herkunft" verwendet, jedoch mit der Implikation der Berücksichtigung der ethnischen und religiösen Vielfalt der türkischen Bevölkerung in der Türkei und in Deutschland.

2 In der deutschen Sprache existiert bisher keine sprachliche Form, die beide Geschlechter angemessen berücksichtigt, ohne dass dadurch die Lesbarkeit des Textes beeinträchtigt wird. Im Folgenden wird daher zu Gunsten der Lesbarkeit die in der deutschen Sprache übliche männliche Bezeichnung für beide Geschlechter verwendet. Wenn allgemein von „Migranten", „Autoren" oder „Forschern" die Rede ist, sind damit Frauen und Männer gemeint.

Gleichzeitig fordern viele „Migranten" der ersten, zweiten und dritten Generation eine gesellschaftliche und rechtliche Anerkennung ihres Status und die Akzeptanz seitens der „deutschen" Bevölkerung.

Sozialwissenschaftliche Studien übernehmen in diesem Zusammenhang jenseits von Schuldzuweisungen die zentrale Aufgabe der Bestandsaufnahme und Ursachenforschung und bieten darüber hinaus integrationspolitische Ansatzpunkte. Sie haben einen entscheidenden Beitrag dazu geleistet, Defizite in integrationsfördernden Angeboten sowie politische und soziale Schließungsmechanismen der Aufnahmegesellschaft als weitere Einflussfaktoren zur Diskussion zu stellen.

Soziologen sind hier in besonderer Weise als „Mythenjäger" (Elias 1996) gefordert, sowohl auf der Ebene gesamtgesellschaftlicher Vorstellungen wie auch innerhalb der Soziologie selbst. Denn erst anhand sozialwissenschaftlicher Studien wird deutlich, vor welchen gesellschaftlichen, familialen und „kulturellen" Hintergründen (türkische) Migranten und Migrationsfolgegenerationen mit der Orientierung in unterschiedlichen Norm- und Wertesystemen konfrontiert sind, an welchen Stellen es zu Diskrepanzen, Konflikten und Brüchen kommen kann und wie diese auch „positiv" bewältigt werden können.

In diesem Kontext haben sich in den letzten Jahren auch gesellschaftliche und sozialpolitische Bilder von Migranten in Deutschland verändert: Die jahrzehntelange politische Weigerung, Deutschland als Einwanderungsland de facto[3] anzuerkennen, ist von Diskursen über Möglichkeiten und Problematiken einer multiethnischen Gesellschaft abgelöst worden. Das Forschungsinteresse der vorliegenden Arbeit ist in den beschriebenen Zusammenhang eingeordnet.

Frauen türkischer Herkunft sind in der aktuellen politischen und medialen Diskussion präsent wie selten zuvor. Insbesondere die „Kopftuchdebatte" hat die Öffentlichkeit in den letzten Monaten stark beschäftigt (vgl. u.a. „Der Spiegel" Nr. 40 vom 29.09.2003)[4]. Die Situation muslimischer Frauen ist dabei jedoch nur scheinbar in das Zentrum öffentlichen Interesses gerückt. Die medialen Debatten zu den Lebenssituationen junger Muslimas, ihren Werthaltungen, Einstellungen und Handlungsmotiven, lassen eine

---

3 In Deutschland leben derzeit etwa 7,3 Millionen Menschen nichtdeutscher Nationalität, davon ca. 3,2 Millionen mit muslimischem Hintergrund (vgl. Migrationsbeauftragte der Bundesregierung 2004).

4 Der Film „Gegen die Wand" von Fatih Akin (Deutschland 2004), in dem eine junge Frau türkischer Herkunft die Protagonistin darstellt, hat nicht zuletzt deshalb eine große öffentliche Resonanz hervorgerufen, weil er gesellschaftliche Tabus innerhalb türkischer Netzwerke und innerhalb der Aufnahmegesellschaft aufgreift.

differenzierte und sozialwissenschaftlich fundierte Darstellungsweise oftmals vermissen, sei es aus einem Mangel an verfügbaren wissenschaftlichen Studien zu dieser Thematik oder aus journalistischer Vorliebe für medienwirksame Extrembeispiele (vgl. dazu u.a. Spiekermann im Tagesspiegel vom 29.01.2003, Reimer in Süddeutsche Zeitung vom 04.12.2003). Die eigentliche Grundlage des Konflikts, die Frage nach den Sichtweisen und Haltungen der betroffenen Muslimas, ist aufgrund der mangelnden sozialwissenschaftlichen Fundierung von der Diskussion abgetrennt. Hier ist ein Einbeziehen vorhandener Studien (Karakasoglu-Aydin 1997, Franger 1999) sowohl in die medial-öffentliche als auch in die juristische Diskussion dringend erforderlich[5].

Ausgangspunkt der vorliegenden Studie ist die Hypothese (vgl. Kapitel 2), dass junge Frauen türkischer Herkunft sich bezüglich ihrer Handlungsentwürfe in einem potentiellen Spannungsfeld befinden, das sich aus den Erwartungshaltungen von Herkunftskultur und -familie und den Optionen der Aufnahmegesellschaft ergibt. In der vorliegenden Arbeit sollen spezifische Aspekte in Lebenssituationen junger Frauen türkischer Herkunft in Deutschland nachgezeichnet, individuelle Deutungsmuster und Bewältigungsformen identifiziert und generalisierbare Tendenzen abgelesen werden.

Aus teilweise konträren Erwartungshaltungen, mit denen junge Frauen türkischer Herkunft im Herkunfts- und Aufnahmekontext konfrontiert sind, entwickeln die Frauen Lebensverlaufsmuster, die nicht zwangsläufig eine „Zerrissenheit zwischen zwei Kulturen" widerspiegeln. Dass junge Frauen türkischer Herkunft ebenso zu einer überwiegend positiv erlebten Integration verschiedener Orientierungsmuster gelangen können, zeigt die folgende Analyse ebenso wie die Schwierigkeiten, mit denen die jungen Frauen bei der Konstruktion individueller Handlungsentwürfe konfrontiert sind. Ziel der Untersuchung ist die Analyse der individuellen Konfliktfelder und die Identifizierung von Bewältigungsmustern, die die Frauen im Umgang mit Diskrepanzen zwischen den Erwartungshaltungen der Familie und der Aufnahmegesellschaft entwickeln.

Im folgenden Kapitel 2 erfolgt zunächst eine Einführung in die Perspektiven der Migrations- und Geschlechterforschung unter Berücksichtigung der sozialwissenschaftlichen Forschung über Frauen türkischer Herkunft, sowie

---

5   Keine der im Rahmen der vorliegenden Studie befragten jungen Frauen trug zum Zeitpunkt der Befragung ein Kopftuch, aus diesem Grund wird diese Thematik im folgenden weit gehend ausgeblendet bleiben (für weiterführende Literatur vgl. u.a. Karakasoglu-Aydin 1997 und 1999, Nökel 1999 und 2002). Dieser Umstand war in der Konzeption der Studie keineswegs beabsichtigt, zur Auswahl der Probandinnen vgl. Kapitel 3.3.1.

eine theoretische Einordnung der vorliegenden Studie (Kapitel 2.1). In einem weiteren Schritt (Kapitel 2.2) wird die Stellung der Frauen im Herkunfts- und Migrationskontext unter der Perspektive des Ehrkonzepts (Kapitel 2.2.1) und der Erziehungsvorstellungen der ersten Migrantengeneration (Kapitel 2.2.2) beleuchtet. Im dritten Kapitel folgt die Beschreibung der Methode der vorliegenden Untersuchung und eine Vorstellung der befragten Frauen anhand von Kurzbiografien.

Im Auswertungsteil (Kapitel 4) werden die Lebenssituationen und Handlungsentwürfe der Frauen anhand ihrer Netzwerkbeziehungen, der Partnerwahl und Sexualität nachgezeichnet. Dabei nehmen insbesondere die Familienbeziehungen und die elterlichen Erwartungshaltungen an die Frauen einen zentralen Stellenwert in der Analyse ein. Anhand der Beschreibungen und Interpretationen der Sexualität und Partnerwahl der jungen Frauen lassen sich individuelle Handlungsentwürfe identifizieren und schließlich generalisierbare Handlungsmuster ableiten (vgl. Kapitel 4 und 5).

Sozialwissenschaftliche Forschung ist durch ihren Gegenstand immer auch an der Konstruktion der sozialen Wirklichkeit beteiligt. Innerhalb der Migrationsforschung führt dieses Phänomen zu anhaltenden Diskursen über Forscherperspektiven und über ihre Beteiligungen an der (Re-) Konstruktion kultureller Differenzen und der Stereotypisierung von Migranten[6]. In diesem Zusammenhang wird oft auf Machtungleichheiten (vgl. Elias/Scotson 1990) auch innerhalb der Forschung verwiesen. Meine persönliche Auseinandersetzung mit dieser Problematik hat den Forschungsprozess der vorliegenden Arbeit immer wieder sehr wesentlich begleitet, denn auch in dieser Studie werden – mehr oder weniger implizit – eher Differenzen als Gemeinsamkeiten in verschiedenen „kulturellen" Bezugssystemen herausgearbeitet und diskutiert.

Gesellschaftliche Handlungsmuster weisen auch „kulturell" spezifische Unterschiede auf, sie sind jedoch nicht als statische Orientierungen zu verstehen und damit nicht prinzipiell unvereinbar. Ihre Vereinbarkeit resultiert im Idealfall aus einer multiethnischen Gesellschaft, auf deren Grundlage Menschen unterschiedlicher ethnischer Herkunft gleichberechtigt miteinander leben können und in der Integration nicht im Sinne nationalstaatlicher und kultureller Homogenitätsvorstellungen der Mehrheitsgesellschaft als linearer und einseitiger Prozess der „kulturellen Adaption" von Migranten an die Aufnahmegesellschaft erfolgt. Im Rahmen dieser Arbeit soll „Integration" daher auch als Prozess einer gemeinsamen gesellschaftlichen Veränderung verstanden werden.

---

6    Auf diese Problematik wird in den Kapiteln zu den Perspektiven der Migrantinnenforschung (Kapitel 2.1) und der Methodik (Kapitel 3.3) noch genauer eingegangen.

Insbesondere die politische Leugnung der Faktizität einer Einwanderungsgesellschaft und zunehmende fremdenfeindliche Übergriffe haben in den neunziger Jahren einen oftmals idealisierten Gegenentwurf einer „multikulturellen Gesellschaft" geprägt. Beide Perspektiven haben jedoch aufgrund ihrer häufig starren Kontrapositionen letztlich eine konstruktive Auseinandersetzung mit den Chancen, jedoch auch mit den erforderlichen Anpassungsleistungen und gesellschaftlichen Problematiken einer multiethnischen Gesellschaft verbaut. Bei einer wissenschaftlichen wie politischen Auseinandersetzung mit Konfliktlagen in Einwanderergesellschaften muss jedoch auch berücksichtigt werden, dass diese, auf individueller wie auf gesamtgesellschaftlicher Ebene, langfristig als strukturimmanente und damit als „normale" Anpassungsleistungen einer sich im Wandel befindlichen, modernen Einwanderungsgesellschaft zu verstehen sind.

In dieser Studie werden die gesellschaftlichen Konfliktlagen aufgrund einer Forschungsperspektive fokussiert und problematisiert, die an gegenwärtigen gesellschaftlichen Gegebenheiten und damit zwangsläufig an einer punktuellen Bestandsaufnahme orientiert ist. Letztlich ist es dabei nicht realisierbar, soziologische Forschung in einer Art und Weise zu betreiben, die in der Rezeption nicht auch Schlussfolgerungen und Interpretationen zulässt, die zu stereotypisierten Wahrnehmungen führen kann oder die diese trotz der Reflexion des eigenen Standpunktes möglicherweise auch selbst produziert. Es wäre für die Soziologie und ihren Gegenstand jedoch gleichermaßen fatal, eine wissenschaftliche Auseinandersetzung über gesellschaftlich brisante Themenbereiche, wie sie die Migrationsforschung in einigen ihrer Forschungsgebiete zweifellos berührt, zu meiden, perspektivisch oder thematisch zu beschränken. Ein wissenschaftlicher Diskurs von Sozialwissenschaftlern unterschiedlicher ethnischer Herkunft mag potentiellen Einseitigkeiten, die sich aus der soziokulturellen Verortung der beteiligten Forscher ergeben, entgegenwirken.

Je mehr sich die Soziologie auch mit gesellschaftlich brisanten Phänomenen innerhalb der Migrations- und Geschlechterforschung beschäftigt und ihre Erkenntnisse einer breiten Öffentlichkeit von interdisziplinär wissenschaftlichen und politischen Diskursen zugänglich macht, desto weniger werden schließlich auch, so ist zu hoffen, politisch extreme Randgruppen in der Lage sein, Phänomene aus dem Themenfeld von Migration und Ethnizität zu monopolisieren und für ihre Zwecke zu instrumentalisieren.

# 2 FRAUEN TÜRKISCHER HERKUNFT IN DEUTSCHLAND

## 2.1 Perspektiven der Migrations- und Geschlechterforschung

Die Entwicklungen innerhalb der Migrationsforschung lassen sich in zeitliche Phasen gliedern, die in Abhängigkeit der jeweils aktuellen Lebensverlaufsphasen der Migranten verschiedene thematische Schwerpunktsetzungen aufweisen (vgl. u.a. Ochse 1999, Atabay 1998: 16ff, Süzen 2003: 80ff). Die empirischen und theoretischen Schwerpunktsetzungen und Entwicklungen in der sozialwissenschaftlichen Forschung beziehen sich dabei nicht überwiegend und explizit auf Frauen türkischer Herkunft, sondern sind oft in die Entwicklungen der Migrationsforschung eingebunden.

Der Blickwinkel der Forschung hat sich im Zeitverlauf nicht nur thematisch verschoben, sondern es ist auch ein Wandel in den wissenschaftlichen Bildern von Migrantinnen türkischer Herkunft zu verzeichnen.

### 2.1.1 Thematische Schwerpunkte der sozialwissenschaftlichen Forschung

Die Anfänge der Migrantinnenforschung bezüglich türkischer Frauen in Deutschland sind in den siebziger Jahren zu lokalisieren. Die Lebenssituationen türkischer Frauen, die im Rahmen der Gastarbeiteranwerbung oder der auf den Anwerbestopp 1973 folgenden Migration im Rahmen der Familienzusammenführung (vgl. Münz/Seifert/Ulrich 1999: 49) nach Deutschland zugewandert sind, wurden zunächst jedoch nur in wenigen Studien berücksichtigt (vgl. u.a. Baumgartner-Karabak/Landesberger 1978).

Im Rahmen der „Ausländerpädagogik" erschienen in den achtziger Jahren Forschungsarbeiten zu Lebenssituationen türkischer Frauen und Mädchen in Deutschland, die meist auch auf die Situation in der Türkei Bezug nahmen (vgl. u.a. Franger 1984, Rosen/Stüwe 1985, Rosen 1986, König 1989). Die Kinder der ersten Generation türkischer Migranten waren nun im schulpflichtigen Alter, so dass zahlreiche Studien sich zunehmend auch mit der Schul- und Ausbildungssituation türkischer Kinder der zweiten Generation beschäftigten (vgl. u.a. Akkent/Franger 1987, Stüwe 1982).

In den neunziger Jahren richtet sich der Blickwinkel der Forschung insbesondere auf die Migranten der zweiten Generation. Sozialisationsbedingungen, Fragen der Identitätsentwicklung und Eingliederungsprozesse stehen hier im Vordergrund (vgl. u.a. Hoffmann 1990, Riesner 1991, Otyakmaz 1995). Gleichzeitig erreichen viele Migranten der ersten Generation das Rentenalter. Hier etabliert sich ein Forschungszweig, der sich mit den Lebenssituationen und der Versorgungslage älterer Migranten (vgl. u.a. BMAS 1993), mit Remigrationen (vgl. u.a. Dietzel-Papakyriakou 1993, 1999) und mit dem Phänomen der Pendelmigration beschäftigt. Aus der Perspektive der Forschung scheinen sich die Lebensverläufe von Männern und Frauen im Alter wieder anzugleichen, denn es existiert meines Wissens keine Studie, die sich explizit mit den Lebenssituationen älterer Frauen türkischer Herkunft beschäftigt.

Erst in den letzten Jahren sind im Rahmen sozialwissenschaftlicher Forschungsarbeiten die Lebenslagen der zweiten, mittlerweile erwachsenen Generation im Hinblick auf Partnerwahl und Familiengründung untersucht worden (vgl. u.a. Atabay 1998, Straßburger 1999a, 1999b, Bleich/Witte/Durlanik 2000, Toprak 2002, Ofner 2003, Süzen 2003).

Die Migrantinnenforschung bewegt sich in der Darstellung und Analyse von Lebenslagen junger Frauen türkischer Herkunft zwischen Defizit- und Kompetenzansätzen, ein Phänomen, das auch in der belletristischen Literatur nachvollziehbar wird. Zaimoglu (1999) stellt in seinem Buch „Koppstoff" in journalistischer Weise Sichtweisen jüngerer Frauen türkischer dar[7]. Die Frauen äußern sich in einer vom Autor unverfälscht übernommen jugendkulturellen Sprache türkischstämmiger Jugendlicher (der sogenannten „Kanak Sprak" bzw. hier „Kanaka Sprak") selbstbewusst und kritisch über ihre Weltsichten und ihr Verhältnis zur deutschen Aufnahmegesellschaft. Einen perspektivischen Gegenentwurf zeigt u.a. Fatma B.s autobiografischer Roman „Hennamond" (2002). Die Autorin thematisiert die Loslösung einer jungen Frau türkischer Herkunft aus dem familialen Netzwerk, den Bruch mit der Herkunftsfamilie und ihre Beziehung zu einem deutschen Mann, von dem sie sich letztendlich unverstanden fühlt.

Darüber hinaus existiert eine Fülle von belletristischer Literatur[8], Medienberichten und Sachbüchern, in denen muslimische Frauen in oft exotisierter

---

7 Von demselben Autor erschien 1995 zunächst ein Buch über junge Männer türkischer Herkunft, das unter dem Titel „Kanak Sprak" mediales Aufsehen erregte.

8 Vgl. u.a. der in diesem Zusammenhang wohl bekannteste Roman „Nicht ohne meine Tochter" von Betty Mahmoody (1990).

und stereotypisierter Weise dargestellt werden und die das Bild muslimischer Frauen sicherlich nicht unwesentlich beeinflusst haben (vgl. dazu die sehr aufschlussreiche Analyse von Pinn/Wehner 1995).

Frauenforschung in den Sozialwissenschaften bedeutet eine Auseinandersetzung mit Geschlechterdifferenz und sozialer Ungleichheit. Dies bezieht sich zum einen auf den Forschungsgegenstand, also auf die Lebenssituationen von Frauen in unterschiedlichen historischen und sozialen Kontexten, zum anderen aber auch auf den Forschungsprozess selbst: auf die Perspektive, die Sozialwissenschaftler innerhalb des Forschungsprozesses einnehmen. Die Themenbereiche der Migrantinnenforschung beinhalten Fragestellungen zu aktuellen Migranten- und frauenspezifischen Entwicklungen und sind damit eng auch mit politischen Positionsbestimmungen verknüpft. Innerhalb der Migrantinnenforschung werden seit langem Diskurse über unterschiedliche wissenschaftstheoretische und auch politische Perspektiven geführt. Auch angesichts dieses Diskurses wird eine transparente Darstellung der eigenen Forschungsposition notwendig (vgl. Kapitel 2.1.2).

Feministische Sozialwissenschaftlerinnen wehren sich gegen einen „male bias" (Strasser 1996: 13) in der Wissenschaft, über den eine männerdominierte Schwerpunktsetzung in der Forschung und eine ebensolche Definitionsmacht reproduziert werde (vgl. Strasser 1996, Gieseke/Kuhs 1999, Gutierrez Rodriguez 1999). Ende der achtziger Jahre erweiterte sich dieser Emanzipationsdiskurs: Es ging nun nicht länger allein um Geschlechterhierarchien, sondern auch um solche zwischen Mehrheits- und Minderheitsgesellschaft. Zunehmend wurden auch wissenschaftliche Diskurse in Bezug auf die von Elias/Scotson (1990) beschriebenen Machtverhältnisse in Etablierten-Außenseiterbeziehungen hinterfragt. Ausgangspunkt dieser Bestrebungen ist die Kritik, viele sozialwissenschaftliche Studien zeichneten ein einseitiges Bild von Migrantinnen: Sie würden in der einschlägigen Forschungsliteratur als „mehrfach diskriminiert und abhängig" (Gieseke/Kuhs 1999) dargestellt. Die formulierte Kritik richtete sich dabei zunehmend auch an „weiße Sozialwissenschaftlerinnen"[9], die als Angehörige der Aufnahmegesellschaft selber von den bestehenden Machtverhältnissen zwischen Mehrheits- und Minderheitsgesellschaft profitierten und aufgrund der über ihren gesellschaftlichen Status vermittelten Deutungsmacht dazu beitrügen, das Bild der „rückständigen, unterdrückten" Migrantin zu (re) produzieren (vgl. u.a. Otyakmaz 1995, Gieseke/Kuhs 1999).

---

9    Die Bezeichnung „weiß" bezieht sich hier nur vordergründig auf die Hautfarbe, der Begriff wird innerhalb des beschriebenen Diskurses mit der Implikation verwendet, dass an die Zugehörigkeit zur Mehrheitsgesellschaft bzw. zum europäischen/nordamerikanischen Kulturkreis auch eine Definitionsmacht innerhalb der Wissenschaft geknüpft ist.

Ein wesentlicher Kritikpunkt gegenüber der von „westlich" sozialisierten Forscherinnen und Forschern betriebenen Migrantinnenforschung bezieht sich auf eine als „eurozentristisch" bezeichnete Position, in deren Kontext ein „westlicher Emanzipationsentwurf" als Maßstab für Diskriminierungs- und Unterdrückungsmechanismen von Frauen in anderen Kulturen bzw. in Migrationskontexten herangezogen werde.

Eine methodische Auseinandersetzung mit der eigenen soziokulturellen Verortung und über mehr oder weniger implizit zugrunde gelegte Wertmaßstäbe innerhalb der Wissenschaft muss Voraussetzung und Bestandteil einer verantwortungsvollen und methodisch seriösen Migrationsforschung sein. Eine Reflexion über die (Re-)produktion gesellschaftlicher Stereotypisierungen von Migranten ist auch innerhalb der Wissenschaft unerlässlich. Die Forderung Otyakmaz` (1995), "daß die einmal gewonnene Einsicht deutscher Feministinnen in rassistische Unterdrückung von Migrantinnen und der Wille zu deren Abschaffung in einen freiwilligen Machtverzicht mündet, der den Bereich der Migrantinnenforschung automatisch den Migrantinnen selbst überlässt" (ebd.: 63) muss jedoch im Sinne einer freien und diskursiven Forschung zurückgewiesen werden.

## 2.1.2 Theoretische Positionen zu den Lebenssituationen der zweiten Generation

Als erster deutscher Soziologe befasst sich Georg Simmel (1908) mit der sozialen Situation von „Migranten" innerhalb der Aufnahmegesellschaft: Er charakterisiert die Position des „Fremden" als

„innerhalb eines bestimmten räumlichen Umkreises (...) fixiert, aber seine Position in diesem ist dadurch wesentlich bestimmt, daß er nicht vornherein in ihn gehört, daß er Qualitäten, die aus ihm nicht stammen und stammen können, in ihn hineinträgt." (ebd.: 509).

Seit Simmel haben sich sowohl die Lebenssituationen von Migranten als auch die soziologischen Betrachtungsweisen verändert. Für Frauen türkischer Herkunft in Deutschland trifft Simmels Analyse insbesondere in Bezug auf die sozialräumliche Perspektive nicht zu: Viele Migranten der ersten Generation haben sich aufgrund anhaltender Rückkehrvorstellungen nicht von ihren Heimatländern gelöst und sie sind schließlich nach dem Eintritt in das Rentenalter nicht, wie zuvor geplant, in ihre Heimatländer zurückgekehrt. Migranten der ersten Generation pendeln im Alter häufig zwischen Herkunfts- und Aufnahmeland (vgl. u.a. BMFSFJ 2000: 123ff).

Auch innerhalb der zweiten Generation werden Familienkontakte oft auch über größere Distanzen aufrecht erhalten (vgl. Nauck/Kohlmann 1998).

Die Handlungsfelder junger Frauen türkischer Herkunft sind damit nicht innerhalb eines bestimmten räumlichen Umkreises fixiert. Sie erstrecken sich oftmals auf *transnationale soziale Räume* (Pries 1997), in die sozial-räumliche Kontexte von Herkunfts- und Aufnahmegesellschaft oder auch Residenzen von Freunden und Verwandten türkischer Herkunft in anderen Ländern einbezogen werden können (vgl. Straßburger 2001, vgl. Schiffauer 2003, vgl. Kapitel 4).

Ein Großteil der sozialwissenschaftlichen Literatur im Bereich der Migrationsforschung beschäftigt sich, auch im Zuge eines anhaltenden öffentlichen Interesses, mehr oder weniger implizit mit Fragen und Problematiken der „Integration" von Migranten in das jeweilige Aufnahmeland. Nicht wenige Autoren verwenden dabei einen nicht näher definierten, impliziten Integrationsbegriff, der auf eine oftmals normative Vorstellung von einem linearen „Akkulturationsverlauf" verweist, in dessen Verlauf die Vorstellung einer Loslösung aus „der einen" und die Übernahme „der anderen" Kultur steht. Bereits in der frühen Migrationsforschung ging man von einem Modell der „Drei-Generationen-Assimilation" aus (siehe dazu Esser 1980: 40ff), demzufolge jede nachfolgende Generation ein höheres Assimilationsniveau als die vorhergehende aufweist.

Auch Nauck greift in seiner Untersuchung (Nauck/Kohlmann/Diefenbach 1997) auf ein Modell zurück, in dem Akkulturationsverläufe nach der „Aufgabe der Herkunftskultur" und „Übernahme der Aufnahmekultur" in die vier Muster Assimilation, Integration, Segregation und Marginalisierung kategorisiert werden (vgl. dazu genauer Berry 1990, zitiert nach Nauck/Kohlmann/Diefenbach 1997). Dieses Modell lässt im Gegensatz zu linearen Integrationsmodellen dauerhaft verschiedene „Ausgänge" des Kulturkontakts zu. Es impliziert jedoch einen Kulturbegriff, der die Homogenität von zwei klar voneinander abgrenzbaren „Kulturen" unterstellt. Damit bleiben interne Differenzierungen, die Existenz verschiedener Kulturmuster und Sozialisationskontexte innerhalb eines Sozialraumes unberücksichtigt (vgl. Günay 2001: 11). Gleichzeitig wird handlungstheoretisch ein „entweder- oder" bzw. ein „sowohl-als-auch" konstruiert, womit sich eine Handlung jeweils einem der „beiden" Orientierungsmuster zuordnen ließe. Dies führt zu einer Polarisierung von Handlungsstrategien, die auf der Handlungsebene der Akteure nicht differenzierbar ist.

An dieser Stelle eröffnet sich zudem der Streitpunkt zwischen kulturalistisch und strukturalistisch geprägten Ansätzen. Letztere gehen davon aus, dass die zwischen Migranten- und Aufnahmegesellschaft beschriebenen

Unterschiede weniger auf „kulturelle" als auf sozialstrukturelle Unterschiede zurück zu führen sind (vgl. u.a. Bukow/Llaryora 1993). Die Autoren kritisieren die kulturalistische Sichtweise insbesondere unter dem Gesichtspunkt, dass Differenzen zwischen Zuwanderergruppen und der Aufnahmegesellschaft in erster Linie auf sozialstrukturelle Unterschiede als auf kulturspezifische Aspekte zurückzuführen seien. Eine ähnliche Argumentation verfolgt Otyakmaz (1995), die in Ablehnung kulturalistischer Ansätze Konflikte zwischen Frauen türkischer Herkunft und ihren Eltern als primär intergenerational bedingt versteht. Dass Konflikte zwischen der Eltern- und Kindergeneration türkischer Herkunft in der Migrationssituation intensiviert werden, können jedoch verschiedene Studien recht übereinstimmend belegen (vgl. u.a. Hämmig 2000).

Im Zuge neuerer Erkenntnisse zu generationalen „Eingliederungsprozessen" von Migranten hat man sich in der Migrationsforschung der letzten Jahrzehnte von linearen Integrationsmodellen sowohl in faktischer als auch in normativer Hinsicht weit gehend gelöst (vgl. Pries 1997, vgl. Nauck 1998, vgl. Schiffauer 2003d). Die Interessen und Konzepte der neueren Migrationsforschung haben sich dabei inhaltlich von einer Fokussierung der sozialen Folgen von Migrationsbewegungen für die Herkunfts- und Zielregionen auf eine Auseinandersetzung mit unterschiedlichen Formen internationaler Migration und der Entstehung neuer sozialer Wirklichkeiten durch *transnationale Migration* verschoben (zur Übersicht vgl. Pries 2001). Im Kontext einer sozialwissenschaftlichen Auseinandersetzung mit Formen und Folgen internationaler Migration hat sich insbesondere das aus der nordamerikanischen Migrationsforschung stammende Konzept *transnationaler sozialer Räume* etabliert (vgl. Pries 2001: 49ff), das ein zunehmendes Auseinanderfallen von Flächen- und Sozialräumen als Folge transnationaler Migrationsbewegungen konstatiert. Pries (2001) definiert transnationale soziale Räume als

„einen Typus pluri-lokaler »sozialer Verflechtungszusammenhänge« Elias (1986) (...). *Transnationale soziale Räume* sind danach relativ dauerhafte, auf mehrere Orte verteilte bzw. zwischen mehreren Flächenräumen sich aufspannende verdichtete Konfigurationen von sozialen Alltagspraktiken, Symbolsystemen und Artefakten. Nach dem Übergang von der nomadischen zur sesshaften Lebensweise entsteht mit der Transmigration eine neue, »gebunden-nomadische« Lebensweise. Sie ist nomadisch, insofern sie dauerhaft nicht auf einen Platz fixiert ist. Sie ist gebunden, insofern sie in der Regel ein Wandern zwischen festen Plätzen impliziert und nicht das völlig ortsungebundene Umherschweifen." (Pries 2001: 53, Hervorhebungen im Original).

Verschiedene Autoren kommen zu dem Ergebnis, dass Angehörige ethnischer Minoritäten der zweiten Generation oftmals ein höheres Assimilationsniveau als die der ersten Einwanderergeneration aufweisen, während insbesondere bei Angehörigen der dritten Generation ein sogenanntes „ethnic revival" (Nauck 1997c: 477) zu beobachten ist, eine neue Form der kulturellen Selbstdefinition, die in erlebter Differenz zur Aufnahmegesellschaft bewusst auch auf kulturelle Aspekte des Herkunftlandes zurückgreift (Bös 1997: 177). Schiffauer (2003a) beschreibt die soziale Verortung von Migranten im Aufnahmeland als „innerlich widersprüchliche[n] Prozess von Identifikation und Widerspruch, von Annehmen von Teilen der Kultur des Einwandererlandes und einer bewussten Opposition dagegen" (vgl. auch ebd. 2003c). Er weist darauf hin, dass das Bewusstsein und die bewusste Betonung der Unterschiedlichkeit zur Mehrheitsgesellschaft in den Migrationsfolgegenerationen nicht zwangsläufig im Widerspruch zur gleichzeitigen Aufnahme vielfältiger und komplexer Beziehungen zur Aufnahmegesellschaft steht (vgl. ebd.2002: 8).

Die vorliegende Studie ist unter Rückgriff auf die Erkenntnisse der jüngeren Migrationsforschung an einem „Akkulturationsbegriff" orientiert, den Gemende (2002) treffend mit dem Begriff der „Interkulturellen Zwischenwelten" beschreibt (vgl. ebd. 26ff)[10]:

„Zugrundegelegt werden soll hier (...) ein *nicht-normatives* Verständnis von kulturellen Zwischenwelten (...). Die psychischen und sozialen Belastungen und Krisen sollen nicht ausgeblendet, aber als bewältigbar angenommen werden. Zwischenwelten sind keine Übergangsmuster des Handelns von einer Gesellschaft zur anderen, sondern dauerhafte Handlungsmodi, die in bestimmten Situationen und biografischen Phasen besonders herausgefordert werden, aber eben auch latent vorhanden sind." (ebd.: 26, Hervorhebung im Original).

Diese Perspektive geht von potentiellen Unterschieden und Gegensätzlichkeiten in verschiedenen Bezugssystemen und Orientierungsmustern von Migranten aus, sie legt die Akteure jedoch nicht auf eine Position innerhalb dieser Orientierungsmuster fest, sondern begreift die individuellen Handlungsorientierungen als variabel und prozesshaft. Diese Position ist daher nicht mit einer Perspektive zu verwechseln, die in der Forschungsliteratur als „Kulturdefizittheorie" (vgl. Ochse 1999: 46, vgl. Kapitel 2.1.1) ausführlich kritisiert wurde. Gleichzeitig eröffnet diese Perspektive die Möglichkeit, die Handlungsorientierungen der jungen Frauen nicht generell als eine „Zerrissenheit zwischen zwei Welten" zu verstehen, sondern als eine

---

10 Gemende bezieht sich auf den Begriff der „Kulturellen Zwischenwelten" von Hettlage-Varjas/Hettlage (1984), von dem sie sich aufgrund eines eher defizitär orientierten Verständnisses der Autoren jedoch abgrenzt (vgl. ebd.).

Form der Etablierung dauerhafter, „neuer" Handlungstypen, die jenseits etablierter Handlungsmuster des ethnischen Netzwerks und der Aufnahmegesellschaft, und damit auch jenseits polarisierender, homogener Kulturvorstellungen liegen.

Norbert Elias` Etablierten-Außenseiter-Figuration (Elias/Scotson 1990) liefert eine theoretische Grundlage für die sozialwissenschaftliche Auseinandersetzung mit der sozialen Verortung ethnischer Minderheiten innerhalb der Aufnahmegesellschaften. Elias weist auf den Aspekt der Machtbeziehungen in den Beziehungen von Angehörigen der Aufnahme- und Migrantengesellschaft hin. Anhand seiner Studien in einem britischen Arbeitervorort beschreibt Elias, wie „Etablierte" ihre soziale Position gegenüber den „Außenseitern" zu sichern versuchen, indem sie sie stigmatisieren. Er begreift soziale Beziehungen dabei nicht als statische Gebilde, sondern als einen oft spannungs- und konfliktreichen sozialen Prozess, in denen die Akteure sich wechselseitig auf einander beziehen und Machtverhältnisse prinzipiell auch veränderbar sind. Elias beschreibt, dass

> „daß bloße Alter einer Formation (...) einen Grad an Gruppenzusammenhalt, kollektiver Identifizierung und Gemeinsamkeit der Normen zu schaffen vermag, der genügt, um bei Menschen das befriedigende Hochgefühl zu erzeugen, das mit dem Bewusstsein, einer höherwertigen Gruppe anzugehören, und der komplementären Verachtung für andere Gruppen verbunden ist." (Elias/Scotson 1990: 11).

Dieses Phänomen lässt sich theoretisch generalisiert auf soziale Prozesse in Einwanderergesellschaften übertragen. Elias expliziert in diesem Zusammenhang, dass soziale Beziehungen zwischen „Etablierten" und „Außenseitern" nicht primär durch ethnische Unterschiede gesteuert werden (ebd.: 26). Allerdings sind in den handlungsrelevanten Konfliktfeldern äußere Merkmale (wie zum Beispiel die „Hautfarbe") häufig Zeichen der Gruppenzugehörigkeit und werden damit zugleich als Kriterien der Machtverteilung verwendet (ebd.: 27). An die „etablierte" Position ist implizit auch eine Deutungsmacht gebunden, die die Norm- und Wertmaßstäbe der Etablierten als allgemein gültig erscheinen lässt und in deren sozialen Kontexten Außenseiter als „anders" und anomisch (ebd.: 20) attribuiert werden.

Die Frauen der zweiten Migrantengeneration türkischer Herkunft sind auf der Grundlage von Elias` Konzept nicht per se als „Außenseiterinnen" zu betrachten. Die jüngeren Frauen türkischer Herkunft sind in Deutschland geboren und aufgewachsen, sie haben ihre Handlungskompetenzen in oft unterschiedlichen sozialkulturellen Handlungsfeldern erworben und sind damit in verschiedenen sozialen Kontexten der Aufnahmegesellschaft

„etabliert" – auch wenn gesellschaftliche und politische Bilder von türkischen Frauen der „zweiten Generation" dies nicht immer bestätigen wollen.

Im Aufnahmekontext sind die Frauen der Migrationsfolgegeneration insbesondere gegenüber ihren Eltern „etabliert" (vgl. auch Cil 2000) – viele Migranten der ersten Generation haben ihre Handlungsentwürfe oftmals durch anhaltende und immer wieder in die Zukunft verschobene Rückkehrvorstellungen primär am Herkunftsland orientiert (vgl. Schiffauer 2003a: 17). Aus eben dieser innerfamilialen „Etablierten-Außenseiter-Figuration" ergeben sich die Konflikte, die im Rahmen dieser Studie beleuchtet werden sollen.

## 2.2 Zur Stellung der Frauen im Herkunfts- und Migrationskontext

Die Türkei ist bis heute das einzige muslimische Land, in dem die Trennung von Staat und Religion in der Verfassung verankert ist. Die kemalistischen Reformen in der Türkei haben mit der Einführung der laizistischen Staatsform auch die politisch-juristische Stellung der Frau verändert. Die rechtlichen Reformen, die der Frau eine formale Gleichberechtigung zubilligen, sind jedoch vor allem in ländlichen Gebieten zunächst ohne wesentliche Auswirkungen auf die gesellschaftlichen Strukturen und die Stellung der Frauen geblieben (vgl. Toprak 1985: 240). Allerdings haben Frauen insbesondere in den letzten Jahren durch massive Proteste die Durchsetzung verschiedener Gesetze, z.B. des Erbschaftsrechtes, erreichen können.

Im vorliegenden Kapitel werden die Rahmenbedingungen für die Lebenssituationen junger Frauen türkischer Herkunft in Deutschland aufgezeigt. Dabei ergibt sich die Schwierigkeit, dass milieuspezifische und individuelle Unterschiede in den kulturellen Orientierungen nicht in all ihren Facetten nachgezeichnet und berücksichtigt werden können. Die folgenden Analysen sind in diesem Sinne als Überblick und tendenzhaft zu verstehen, es soll nicht behauptet werden, dass sie generell für alle türkischen (Migranten-)Familien und damit für alle jungen Frauen türkischer Herkunft Gültigkeit besitzen.

Zur Veranschaulichung der Geschlechterbeziehungen in türkischen Migrantenfamilien werden zunächst Grundzüge des Ehrkonzepts in der dörflichen Türkei beleuchtet. Anschließend werden Modifikationen des Ehrkonzepts in urbanisierten Lebenszusammenhängen und in der Migrationssituation in Deutschland aufgezeigt (Kapitel 2.2.1). Im folgenden

Schritt geht es um die familialen Sozialisationsbedingungen junger Frauen türkischer Herkunft in Deutschland. In diesem Kontext werden insbesondere Tendenzen in den Erziehungshaltungen der ersten Migrantengeneration dargestellt (Kapitel 2.2.2).

### 2.2.1 Zur Konstruktion von Geschlechterbeziehungen in türkischen (Migranten-)Familien: Das Konzept der „Ehre"

Das Ehrkonzept ist für das Verständnis von Familienbeziehungen in türkischen (Migranten-)Familien von essentieller Bedeutung (vgl. Schiffauer 1983, 1991, 2002; Atabay 1998, Toprak 2002, vgl. Kapitel 4.3 und 4.4). Überraschenderweise wird in vielen Studien zu den Lebenssituationen junger Frauen (und Männer) türkischer Herkunft die Bedeutung des Ehrkonzept nicht explizit erläutert und diskutiert (vgl. u.a. Nauck/Kohlmann 1998, Nauck 2000), teilweise fehlt diese Interpretationsebene sogar völlig (vgl. Otyakmaz 1995)[11]. Andere Studien setzen das dörfliche Ehrkonzept implizit als Bezugssystem voraus und verkennen dabei Transformationsprozesse der Migrationssituation.

Formen des Ehrkonzepts in der türkischen Gesellschaft gehen auf soziale Handlungs- und Beziehungsmuster innerhalb patriarchalisch geprägter, ruraler Gesellschaftsstrukturen zurück und sind bisher primär im Rahmen ethnologischer Studien analysiert worden (vgl. Schiffauer 1983, Strasser 1996).

Soziale Konzepte von „Ehre" sind allerdings kein Spezifikum islamischer oder ruraler Gesellschaften. Im mitteleuropäischen Raum haben sie im Zuge von Aufklärung, Industrialisierung und Individualisierung ihre gesellschaftliche Bedeutung weit gehend verloren (vgl. dazu auch Gemende 2003: 257ff)[12]. In urbanisierten Kontexten moderner Gesellschaften ist

---

11  Die fehlende Thematisierung des Ehrkonzepts in Teilen der sozialwissenschaftlichen Forschungsliteratur mag mit der Befürchtung zusammen hängen, dass auch wissenschaftliche Darstellungen des Ehrbegriffs zur Konstruktion von Stereotypisierungen und Stigmatisierungen türkischer Migrantenfamilien in Deutschland beitragen können.

12  Parallelen zum Ehrbegriff islamischer Gesellschaften existieren auch in gesellschaftlichen Kontexten des Mittelmeerraumes. Eine literarisch-dramatische Bearbeitung dieser Thematik zeigt der Roman „Alexis Sorbas" von Nikos Kazantzakis und dessen gleichnamige Literaturverfilmung (Großbritannien/USA/Griechenland 1964). Darüber hinaus sind auch in männerdominierten Bereichen innerhalb urbaner Lebensverhältnisse in industrialisierten Gesellschaften subkulturelle Formen von Ehrkonzepten zu finden, vgl. dazu u.a. Böhnischs Anmerkungen zu den Geschlechterverhältnissen in Männerbünden (vgl. ebd. 2001: 69ff).

„Männlichkeit" zunehmend und primär an individuelle Leistungsfähigkeit gebunden (vgl. Brandes 2002). Die gesellschaftliche Kontrolle der weiblichen Sexualität als zentrales Charakteristikum des „türkischen" Ehrkonzepts[13] weist zudem deutliche Parallelen zur traditionellen Sexualmoral des Christentums (Runkel 2003: 100ff) und zum Sexualmonopol der Ehe im bürgerlichen Familienmodell (vgl. Lenz 2003: 80ff) auf. Diese Sexualmoral, die Sexualität insbesondere für Frauen nur im Rahmen einer ehelichen Legitimation gestattete (vgl. Lenz 2001: 202f), war auch in Deutschland noch bis über die fünfziger Jahre des letzten Jahrhunderts hinaus im bürgerlichen Familienmodell bestimmend (vgl. Sammet 2003: 106ff).

Die im folgenden beschriebenen gesellschaftlichen Wertvorstellungen und Verhaltensnormen im Kontext des Ehrkonzepts in der türkisch-islamischen Kultur besitzen für Familien in der (städtischen) Türkei und für türkische Migrantenfamilien in Deutschland nicht zwangsläufig die selbe Gültigkeit. Inwieweit das Ehrkonzept in Migrantenfamilien türkischer Herkunft als kulturelles Bezugssystem gilt, ist aber offenbar eine graduelle Frage. Keine der von mir befragten Frauen befand sich in ihren beschriebenen Sozialisationserfahrungen, ihren Familienbeziehungen oder Lebensentwürfen außerhalb dieses Bezugssystems, sei es in tendenziell adaptiver oder kritisch-abgrenzender Haltung. Dieser Befund deckt sich mit Ergebnissen vergleichbarer Studien (vgl. u.a. Riesner 1991, Viehböck/Bratic 1994, Atabay 1998, Klinkhammer 1999, Payandeh 2002, Toprak 2002).

Die nachfolgenden Ausführungen sind damit als theoretischer Hintergrund für die Analyse der Familienbeziehungen, der Partnerwahl und Sexualität der befragten Frauen zu verstehen. Inwieweit der Ehrbegriff für die Frauen in ihrer konkreten Lebensgestaltung relevant ist, wird später im Auswertungsteil dargestellt (vgl. Kapitel 4).

Vor dem Hintergrund, dass der überwiegende Anteil der Eltern von Frauen türkischer Herkunft in Deutschland aus ruralen Gebieten der Türkei stammt (vgl. Toprak 2002: 95)[14], werden in diesem Kapitel zunächst Charakteristika des Ehrbegriffs in der türkischen Dorfkultur aufgezeigt. In einem zwei-

---

13  Die im folgenden erläuterten türkischen Ehrbegriffe *namus, seref* und *saygi* sind Konzepte, die in ähnlichen Ausprägungen auch für andere Gesellschaften des islamischen Kulturkreises Bedeutung haben und aus den jeweiligen kulturellen Bezugssystemen heraus erklärbar werden (vgl. auch Yalcin-Heckmann 2000: 143ff). Eine bloße sprachliche Übersetzung der Begriffe birgt die Gefahr, dass das eigene kulturelle Bezugssystem implizit und unhinterfragt zur Bedeutungsklärung herangezogen wird und somit Unterschiede zwischen verschiedenen Bezugssystemen verdeckt und übersehen werden.

14  Vgl. auch Topraks Anmerkung zur Binnenmigration: viele Migranten der ersten Generation sind vor der Migration nach Deutschland zunächst innerhalb der Türkei von ländlichen in städtische Gebiete migriert (s. ebd.).

ten Schritt werden Modifikationstendenzen des Ehrkonzepts in der städtischen Türkei und in der Migrationssituation diskutiert.

## Das Ehrkonzept in der türkischen Dorfkultur

Der Ehrbegriff ist ein komplexes System von Norm- und Wertvorstellungen, Handlungsanweisungen und Deutungsmustern, über das einerseits die Beziehungen der einzelnen Familienmitglieder untereinander als auch die Beziehung zwischen Familie oder Individuum und dem sozialen Umfeld definiert werden (vgl. Schiffauer 1983, Özkara 1988, Toprak 2002). Aus dem Ehrkonzept der türkischen Dorfkultur ergeben sich spezifische Implikationen für die Familien- und Geschlechterbeziehungen, die auch für das Verständnis von Familienstrukturen türkischer Migrantenfamilien in Deutschland von Bedeutung sind.

Der für die vorliegende Arbeit zentrale Aspekt des Ehrkonzepts betrifft den Bereich, der insbesondere die Geschlechterbeziehungen regelt (*namus*).Der Ehrbegriff ergibt sich nach Schiffauer (1983) aus der Vorstellung einer Trennung zwischen „innen" und „außen", dem Bereich der Familie und dem des sozialen Umfelds. Diese Trennung bestimmt in dörflichen Kontexten zugleich die Geschlechterbeziehungen, die Trennung zwischen „weiblich" und „männlich" dominierten Sozialräumen.

Die Aufgabe des Mannes als Familienoberhaupt ist es, die Beziehungen zwischen den beiden Bereichen zu kontrollieren und Verstöße gegen festgelegte Regeln und Verhaltensvorschriften, die diese Trennung definieren, zu ahnden, dies sowohl gegenüber einer Person, die die Grenze der Privatheit verletzt, als auch gegenüber dem einzelnen Familienmitglied, das sich nicht an die Verhaltensvorschriften hält.

„Dem Wert der Ehre (namus) unterliegt die Vorstellung einer klaren Grenze, die das »Innen« , den Bereich der Familie, vom »Außen« , der – männlichen – Öffentlichkeit des Dorfes oder der Stadt, scheidet. Die Ehre eines Mannes ist beschmutzt, wenn diese Grenze überschritten wird, wenn jemand von außen einen Angehörigen der Familie, womöglich eine der Frauen, belästigt oder angreift. Als »ehrlos« (namussuz) gilt der Mann, der dann nicht bedingungslos und entschieden den Angehörigen verteidigt." (Schiffauer 1983: 65).

Die Kontrolle der Ehre obliegt in traditionell orientierten Familienmodellen nicht allein dem Vater als Familienoberhaupt, sondern folgt der Logik des „Stellvertreterprinzips" (Schiffauer 1991: 238ff). Damit sind in Abwesenheit des Vaters auch die älteren oder jüngeren Brüder oder die Söhne für die Einhaltung der Ehre der weiblichen Familienmitglieder verantwortlich.

23

Der dörfliche Ehrbegriff ist dabei weniger als Repräsentation eines *Wertes* in den Überzeugungen des Individuums zu verstehen, sondern auf das Einhalten einer sozial kontrollierbaren, äußeren *Norm* gerichtet. Die Handlungsrelevanz des Ehrkonzepts ist damit nicht an abstrakte Wertvorstellungen gekoppelt, sie hat vor allem handlungspraktische Grundlagen, die sich aus der Struktur sozialer Beziehungen in einem ruralen Kontext ergeben:

> „Nur die Tatsache, daß die Grenze verletzt wurde, zählt, nicht aber die Gründe dafür. (...) Man kann diese Bedingungslosigkeit aus der Alltagserfahrung einer bäuerlichen Gesellschaft erklären: Es wäre widersinnig, aufgrund abstrakter Schuldfragen Stellung gegen die eigenen Angehörigen zu beziehen, auf die man sozial und ökonomisch angewiesen ist. Die Ethik der Ehre ist partikularistisch: Letzter Prüfstein des Handelns ist das Wohl der eigenen Gruppe." (Schiffauer 1983: 65).

Ein Verhalten wird damit erst dann „unehrenhaft", wenn es öffentlich wird (vgl. Schiffauer 1991: 247). Daraus ergeben sich Handlungsspielräume, die ein heimliches Umgehen äußerer Verhaltensnormen praktizierbar machen und die damit familienintern stillschweigend toleriert werden können (vgl. ebd.) Welche Implikationen dies für die Handlungsmuster der befragten Frauen hat, wird ausführlich in Kapitel 4.3 und 4.4 diskutiert.

Schiffauer (1991) weist darauf hin, „daß es im Dorf nicht genügt ehrenhaft zu sein - man muß es vor allem auch demonstrieren." (ebd.: 246). Der Bedeutungsgrad der Ehrbegriffs in Alltagssituationen hängt damit in entscheidender Weise von der Präsenz des sozialen Umfelds ab. Erst durch die soziale Kontrolle des Umfeldes, das die Einhaltung der Verhaltensnormen kontrolliert und seinen Mitgliedern den Status der Ehrenhaftigkeit zuweist, erhält das Ehrkonzept seine zentrale gesellschaftliche Bedeutung. Die Einhaltung von Verhaltensnormen, die die Familienehre sichern sollen, werden dabei vom sozialen Umfeld kontrolliert. Die Relevanz des Ehrkonzepts, die Einhaltung von ehrgeleiteten Verhaltensnormen oder Verstöße gegen diese Normen, wird erst durch die Positionierung des Individuums innerhalb der Familie und die Positionierung der Familie innerhalb des sozialen Umfeldes - sei es innerhalb einer dörflichen Gemeinschaft, im sozialen Mikrobereich urbaner Regionen oder innerhalb eines ethnischen Netzwerks in der Migrationssituation in Deutschland - wirksam.

> „Die wesentliche Bedeutung für die Familienehre hat gerade nicht die innere Einstellung und Selbstbestätigung der einzelnen Familienmitglieder, sondern das von außen, d.h. von der sozialen Umwelt wahrgenommene Erscheinungsbild. Konsequenz dieser Priorität ist, daß nicht der Grad der Verinnerlichung gesellschaftlicher Normen, die

persönliche Einstellung zählt, die sich ja kaum kontrollieren läßt, sondern allein die Handlung. Die Bewahrung der Regeln wird von der Dorfgemeinschaft oder, in Großstädten (auch in Deutschland), der Nachbarschaft kontrolliert und muß folglich kontrollierbar sein." (Özkara 1988: 29).

Schiffauer (1983: 78f) beschreibt die Funktion der unterschiedlichen Rollen von Mann und Frau im dörflichen Kontext als gegenseitige Ergänzung zur Aufrechterhaltung der Familienbeziehungen einerseits und der sozialen Ordnung des sozialen Netzwerkes andererseits. Die väterlich-normative Haltung garantiert den Status der Familie im sozialen Netzwerk, die mütterlich-faktische Orientierung erhält die Familie als soziale Einheit: die Männer wachen über die Einhaltung der Verhaltensnormen der Familienmitglieder, die Frauen decken Normverstöße gegenüber den Männern, sie opponieren jedoch nicht offen. Damit wird deutlich, dass die Reproduktion des Ehrkonzepts im sozialen Netzwerk sowohl von männlicher als auch von weiblicher Seite gesichert wird.

Der Ehrbegriff *namus* betrifft in besonderer Weise die weiblichen Familienmitglieder. Der Mann hat die Familie vor äußeren Angriffen und Einflüssen zu schützen. Das bezieht sich insbesondere auf die Frauen, denn von ihrer „Unberührtheit" hängt die Ehre der Familie, insbesondere jedoch die des Mannes ab.

„Als ehrlos gilt, wer nicht extrem empfindlich reagiert, wenn seine Frau beleidigt oder belästigt wird. (...) Ein »ehrenhafter Mann« , das ist einer, der seine Frauen zu verteidigen vermag, der Stärke und Selbstbewußtsein zeigt (...)" (Schiffauer 1983:74).

Aus dieser sozialen Konstellation lassen sich die weiblichen Verhaltensnormen ableiten: die Frau hat, um als „ehrhaft" zu gelten, im Wesentlichen ihre Sexualität in bestimmter Weise zu kontrollieren:

„Die Ehre der Frau hingegen bezieht sich hauptsächlich auf Regeln zum Schutze ihrer Keuschheit. Für ein unverheiratetes Mädchen[15] bedeutet dies vor allem den Erhalt ihrer Jungfräulichkeit vor der Ehe, für eine verheiratete Frau das Verbot von außerehelichen Beziehungen." (Kiral 1997: 51).

In diesem Modell ist die weibliche Sexualität in hohem Maße fremdbestimmt. Der Mann kann, ohne in seiner Ehrenhaftigkeit beeinträchtigt zu werden, seine Sexualität relativ frei leben, dies betrifft insbesondere vorehelicher Sexualkontakte.

---

15 Dies gilt auch für eine unverheiratete Frau, vgl. Kapitel 4.

Die gesellschaftliche Norm der „Keuschheit" erscheint zunächst als ein Modell, das dem der „Treue" innerhalb von Zweierbeziehungen entspricht und somit kein Spezifikum islamischer Gesellschaften darstellt. Die gesellschaftliche Forderung nach „Keuschheit" ist jedoch als ein primär handlungspraktischer Ansatz zu verstehen, der zudem weit über rein sexuelle Handlungen hinausgeht (vgl. Kleidervorschriften und Vorschriften zum Verhalten der Frau in der sozialen Öffentlichkeit) und darüber hinaus an - zumindest potentiell - „beobachtbarem Verhalten" orientiert ist. Mit anderen Worten: Im Gegensatz zur Norm der „Treue", die auf dem *romantischen Liebesideal* (vgl. Giddens 1993, vgl. Lenz 1998: 267ff) bzw. auf einer Aushandlung der beiden Partner basiert, bezieht sich die Norm der „Keuschheit" nicht auf eine der Norm nach exklusive, emotional-affektive Haltung gegenüber dem (Ehe-)Partner, sondern auf Verhaltensvorschriften innerhalb einer realen oder antizipierten sozialen Öffentlichkeit. Hier geht es also nicht primär um die Forderung nach einer emotional-affektiv fundierten sexuellen „Treue" als ausgehandelte Bedingung innerhalb einer Zweierbeziehung, sondern um die Sicherung des sozialen Status der Familie innerhalb des sozialen Netzwerks. Die romantische Liebe „entwertet die Umweltbezüge" (Lenz 1998: 271), im hier beschriebenen Modell stehen sie funktional im Vordergrund.

Die beschriebenen Norm- und Wertvorstellungen sind nicht mit dem *romantischen Liebesideal* gleichzusetzen, allerdings rechtfertigt dies nicht die Schlußfolgerung, dass ein Konzept von „Liebe" hier keine Rolle spielt. Nauck (2000: 363) weist in diesem Zusammenhang auf unterschiedliche Entwicklungslogiken von Familiengründung in westlichen Gesellschaften und in traditionell-ruralen Familienmodellen hin: im ersten Modell führt die romantische Liebe zu Partnerschaft oder Ehe; wenn ökonomische Sicherheit gegeben ist, werden Kinder gezeugt. Im traditionalen Modell hingegen erfolgt zunächst eine konsensuelle oder arrangierte Eheschließung, darauf folgen die Kinder, dann stellt sich auch Liebe zwischen den Ehepartnern und - durch die Kinder - ökonomische Sicherheit ein. Frauen türkischer Herkunft in Deutschland sind nicht zwangsläufig mit diesen schematischen Mustern konfrontiert, das beschriebene Modell ist jedoch für das Verständnis unterschiedlicher, in der sozialen Wirklichkeit aber tendenziell abgestufter Orientierungsmuster hilfreich. In den Lebensentwürfen junger Frauen türkischer Herkunft, die einerseits mit den ehrgeleiteten Verhaltenserwartungen eines ethnischen Netzwerks konfrontiert sind, die andererseits individualisiertere Formen der Partnerwahl, Sexualität und Zweierbeziehung jenseits der sozialen Kontrolle des ethnischen Netzwerks leben wollen (vgl. Kapitel 4.3, 4.4), erfordern diese Diskrepanzen eine Modifizierung tradierter bzw. erwarteter Verhaltensmuster.

Die Einhaltung der Verhaltensnormen wird im dörflichen Kontext vor allem dadurch garantiert dass, wie Schiffauer (1983) richtig feststellt, durch „die unterschiedliche Bedeutung des Ehrbegriffs für Mann und Frau (...) die eigene Ehre jeweils in die Hand des anderen Geschlechts [gelegt wird]" (Schiffauer 1983: 75). Schiffauer übergeht hier allerdings einen geschlechtsspezifischen Unterschied in der *Qualität* der gegenseitigen Verantwortung: Während der Mann die Ehre der Frau allein durch eine „beständige und dauerhafte Ehe" (Schiffauer 1983: 76) garantiert (deren Aufrechterhaltung nicht allein bei ihm liegt), bedeutet die Verantwortung der Frau für die Ehre des Mannes eine strikte Einhaltung von Verhaltensvorschriften, die ihre Ehrenhaftigkeit auch öffentlich sichtbar werden lassen müssen:

„Dies bedeutet auch, daß sie sich in keine Situation begeben darf, die auch nur den geringsten Zweifel aufkommen lassen könnte, sie würde sich nicht den Verhaltensnormen entsprechend benehmen. Begeht sie aber Ehebruch oder verliert ihre Jungfräulichkeit[16], so befleckt sie dadurch nicht [nur] ihre eigene Ehre, sondern auch die Ehre der ganzen Familie. Hängt die Ehre des Mannes also vom Verhalten seiner Frau, seiner Tochter oder Schwester ab, so ist der Umkehrschluß nicht gültig. Verliert ein Mann *seine* Ehre, so beeinträchtigt dies nicht die Ehre der Frauen." (Kiral 1997: 51, Hervorhebung H.K.)

Die Einschränkung der Handlungsfreiheit der weiblichen Familienmitglieder bezieht sich nicht allein auf die Sexualität, um deren externe Kontrolle es letztendlich geht, sondern auch auf Verhaltensweisen der Frau im gesellschaftlich-öffentlichen Leben. Wie oben beschrieben, zählt beim dörflichen Konzept der Ehre nicht primär eine „innere Haltung" zur moralischen Legitimation, sondern die – vom sozialen Umfeld beobachtbaren und überprüfbaren – Verhaltensweisen. So reicht auch ein Verdacht oder Gerücht aus, um die Ehre der Frau (und damit die des Mannes und der Familie) innerhalb des sozialen Netzwerks in Zweifel zu ziehen. Dies kann eine Stigmatisierung und den Statusverlust der Frau und der Familie im sozialen Netzwerk bedeuten und in der Konsequenz schlimmstenfalls auch das Leben der jungen Frau gefährden (vgl. Atabay 1998: 113)[17]. Dies erklärt, wa-

---

16  bzw. besteht der Verdacht, dies könnte geschehen sein

17  Sogenannte „Ehrenmorde" in Deutschland und in den Herkunftsländern muslimischer Frauen erregen wiederkehrend das Interesse der medialen Öffentlichkeit (vgl. u.a. Reimer in Süddeutsche Zeitung vom 04.12.2003, Schlötzer in Süddeutsche Zeitung vom 19.01.2003). Auch wenn es sich hier um journalistisch aufgearbeitete Darstellungen handelt, sind Sanktionen körperlicher Gewalt und Tötungsdelikte an jungen Frauen zur Wiederherstellung der Familienehre nicht zu bagatellisieren (vgl. hierzu die sehr differenzierte Analyse der Bedingungen eines versuchten Ehrenmords in Schiffauer 2002: 29ff). Die psychischen Folgen der befürchteten Sanktio-

rum Männer in traditionalen Kontexten darauf bedacht sind, die Beziehungen und Verhaltensweisen der Frauen außerhalb des familialen Handlungsraumes zu kontrollieren, und weil dies wiederum kaum praktizierbar erscheint, oft auch prophylaktisch einzuschränken.

Die Bindung der Familienehre an die Verhaltensweisen der weiblichen Familienmitglieder hat Auswirkungen auf die innerfamilialen Geschlechterbeziehungen: Die traditionale Sicht des Mannes auf die Frau ist vor allem durch Misstrauen geprägt, denn

> „die Frauen seines Haushalts können die politische und soziale Position eines Mannes ruinieren, eine Gefahr, der sich die Männer schmerzlich bewußt sind und die die weitverbreiteten Phantasien über die unwiderstehliche Verführungskraft der Frau, ihre sagenhafte Potenz produziert." (Schiffauer 1983: 75).

Rigide weibliche Verhaltensnormen sind damit aus dem befürchteten Ehrverlust der Männer zu erklären. Gleichzeitig müssten sich die Männer allerdings auch ihr eigenes vor- oder außereheliches Begehren versagen, das, wenn das Sexualverbot vor der Ehe für alle Frauen gilt, in einer logischen Konsequenz auch für die Männer nur innerhalb einer Ehe realisierbar wäre[18]. Akahse-Böhme bringt die gesellschaftlich verankerten männlichen Projektionen recht treffend auf den Punkt:

> „Es ist zu vermuten, daß das Verschleierungsgebot für die Frauen in einer verschleierten Männerangst sein wahres Motiv hat: die Angst vor den Frauen, die sie begehren könnten, also Angst vor ihrem eigenen Begehren, aber auch die Angst vor der weiblichen Sexualität[19]" (Akashe-Böhme 1997: 44).

In islamischen Legenden und Sprichwörtern lassen sich einige Beispiele finden, die die Verführungskraft der Frau beschreiben und explizit oder implizit ein abwertendes Frauenbild legitimieren (vgl. Mosbahi/Heller

---

nen des sozialen Netzwerks bleiben für die betroffenen Frauen auch in Fällen, in denen es nicht um physische Gewalt, sondern „nur" um den befürchteten Verlust familialer Bindungen geht, unbestritten (vgl. Atabay 1998: 113f, vgl. Kapitel 4).

18  Bereits Freud (1970: 120ff, orig.1908) und später Schelsky (1958: 30ff, orig. 1955) weisen auf die „doppelte Moral" hin, nach der für die männliche Sexualität im Gegensatz zur weiblichen auch außereheliche Sexualkontakte gesellschaftlich geduldet werden. Hier werden erneut Parallelen zur Sexualmoral im bürgerlichen Familienmodell deutlich (vgl. Lenz 2003: 80ff).

19  Dafür findet sich noch ein weiterer Erkärungsansatz: In der ethnologischen Forschungsliteratur wird von Kastrationsängsten des Mannes gegenüber der Frau berichtet, deren Ursachen in der Beschneidung liegen (vgl. Krasberg 2000: 58).

1993)[20]. Dieses Phänomen erinnert religionsgeschichtlich nicht zufällig an die Rolle Evas bei der Vertreibung aus dem Paradies. Das traditionale männliche, durch Mißtrauen geprägte Frauenbild wird im traditionalen familialen Kontext insbesondere in der prekären Position der Schwiegertochter als einer fremden, „von außen" in die Familie kommenden Person deutlich (vgl. dazu Strasser 1996, Atabay 1998: 120).

Die unterschiedlichen Dimensionen des Ehrkonzepts manifestieren sich in formalisierten Verhaltensvorschriften und der sozialen Kontrolle des Umfeldes. Sie sollen vor allem stabile Familienbeziehungen, die dem sozialen Umfeld gegenüber die Solidarität der Familienmitglieder untereinander betonen, gewährleisten. Die Stabilität der Familienbeziehungen wird im traditionellen Familienmodell durch hierarchische Autoritätsbeziehungen garantiert, die sich im Ausdruck von Achtung *(saygi)* gegenüber dem Statushöheren manifestieren:

> „Der Sohn schuldet dem Vater, die Frau dem Mann, der jüngere Bruder dem älteren Achtung. Sie kann ganz unterschiedlich bekundet werden: Der Höherstehende darf nicht mit dem Vornamen angesprochen, ihm darf nicht widersprochen werden, in der Öffentlichkeit muß man in seiner Gegenwart schweigen, man darf nicht in seiner Gegenwart rauchen oder trinken usw." (Schiffauer 1983: 67).

Der Ausdruck von Achtung und Respekt (*saygi*) beschränkt sich dabei nicht auf die Beziehungen der Familienmitglieder untereinander. Das familiäre Bezugssystem wird auf die außerfamilialen Beziehungen übertragen. Diese Vorschriften lassen sich anhand der Anrede beschreiben: So gilt es als unhöflich, Statushöhere mit dem Vornamen anzusprechen: der ältere Bruder wird mit *agabey* oder moderner, mit *abi* (großer Bruder), angesprochen, die ältere Schwester mit *abla* (große Schwester). Auch Personen, die nicht dem familialen Netzwerk angehören, werden als Ausdruck des Respekts statt mit ihrem Namen mit *amca* (Onkel), *teyze* (Tante) oder *abi* angesprochen.

Der Anspruch der statushöheren, meist älteren Person auf *saygi* findet seine Entsprechung im Anspruch der Jüngeren auf *sevgi* (Liebe). Hier geht es jedoch weniger um ein emotional-affektives Konzept von „Liebe" im engeren Sinne, sondern vor allem um die „Verantwortung der Eltern und älteren Geschwister für die Erziehung der Jüngeren" (Atabay 1998: 25). Die Verhaltensnormen von *saygi* und *sevgi* sind dabei eng aneinander gekoppelt: Verletzt einer der Beteiligten die Verhaltensnorm, kann dies unmittelbaren Einfluss auf seinen eigenen erwartbaren Anspruch haben:

---

20 Zu einem naturmythischen Erklärungsansatz der Angst des Mannes vor der Frau vgl. Böhnisch 2001: 57ff.

„Zeigt der Jüngere dem Älteren gegenüber keine Achtung, so verliert er auch sein Recht auf sevgi und umgekehrt. Ein Begriff fordert den jeweils anderen, einer alleine kann nicht existieren." (Pfluger-Schindelbeck 1989: 67).

Die Konzepte *saygi* und *sevgi* regeln damit die durch Geschlecht und Alter definierten Statusbeziehungen durch reziprok aufeinander bezogene Verhaltensnormen des Respekts (der Jüngeren gegenüber den Älteren, der Frauen gegenüber den Männern) und der Fürsorge (der Älteren gegenüber den Jüngeren, der Männer gegenüber den Frauen, der erwachsenen Kinder gegenüber den Eltern). Der Jüngere garantiert dem Älteren damit die Bewahrung seines bereits erworbenen Status, der Ältere verhilft dem Jüngeren zur Findung desselben innerhalb der Familie und des sozialen Netzwerks. Eine Verletzung der Verhaltensnormen bekommt so besonderes Gewicht, denn sie kann den Statusverlust des Individuums im sozialen Netzwerk zur Folge haben.

Während die Familienbeziehungen hierarchisch, solidarisch und dauerhaft angelegt sind, zeichnen sich die außerfamilialen, in der türkischen Dorfkultur durch männliche Beziehungsmuster geprägten Beziehungen tendenziell durch mehr Instabilität und Konflikte aus (vgl. Schiffauer 1983: 70): hier geht es um die Statuszuweisung des Mannes und seiner Familie innerhalb des sozialen Netzwerkes. Zwar „bestimmt prinzipielle Gleichheit die Beziehungen zwischen den Männern außerhalb der Familie" (vgl. ebd.: 70), jedoch ist das Ansehen *(seref)* des Mannes und damit seine Position innerhalb des außerfamilialen Männernetzwerks permanent gefährdet, denn sein Ansehen beruht keineswegs allein auf seiner persönlichen und individuellen Integrität. Sein Ansehen hängt insbesondere von der Achtung *(saygi)* ab, die ihm die statusniedrigeren Familienmitglieder in der Öffentlichkeit entgegenbringen, von der Ehrenhaftigkeit *(namus)* der weiblichen Familienmitglieder, sowie von der wahrgenommenen Kompetenz der außerfamilialen Netzwerkmitglieder, beides zu kontrollieren.

## Bedeutung und Stellenwert des Ehrkonzepts in der städtischen Türkei und in der Migrationssituation

Traditionale Familienstrukturen in der Türkei unterliegen Veränderungsprozessen, die durch ökonomische Entwicklungen und Urbanisierungsprozesse begünstigt werden. Die Folge sind große Unterschiede innerhalb der türkischen Gesellschaft, die generelle Aussagen über dominante Familienformen in der Türkei nur für die jeweils zu beschreibende Gruppe zulassen:

für die städtische Mittelklasse, für Landflüchtlinge in den *gecekondus*[21] oder ländliche Agrararbeiter (vgl. Kacitcibasi/Sunar 1997: 145f).

In städtischen Regionen der Türkei sind traditionale Bezugssysteme durch den Einfluss von Urbanisierungs- und Industrialisierungsprozessen, durch eine westlich ausgerichtete öffentliche Politik, aber auch durch europäische und nordamerikanische Einflüsse über Massenmedien und eine Vielzahl im Ausland tätiger türkischer Arbeitskräfte einem sozialen Wandel unterworfen (vgl. ebd.). Insbesondere in urbanisierten Lebenszusammenhängen in der Türkei sind Modifikationen des Ehrkonzepts und ein Bedeutungsverlust festzustellen. Dies gilt nicht uneingeschränkt für die Norm der Jungfräulichkeit, die in städtischen Gebieten der Türkei auch heute noch teilweise verbreitet ist, während spezifische Verhaltensanforderungen, wie das vollständige Bedecken des Körpers und der Haare sowie eine schamhafte Sprache und Gestik, in urbanisierten Regionen der Türkei nur noch vereinzelt zu erwarten sind (vgl. Toprak 2000: 48). Für den nicht unerheblichen Teil der türkischen Großstadtbevölkerung, der in den *gecekondus* lebt, ist empirisch bisher nicht geklärt, in welchem Ausmaß diese Bevölkerungsgruppen am Wertewandel urbanisierter Regionen tatsächlich teilhaben[22].

„Sehr viele Frauen in den Großstädten bewegen sich ziemlich frei, sind selbstbewusster, tragen statt Kopftuch moderne Kleidung und haben durchaus auch vor der Ehe sexuellen Kontakt zu Männern" (Toprak 2000: 48). Toprak differenziert hier allerdings nicht zwischen türkischen Frauen in türkischen Großstädten und Frauen türkischer Herkunft in Deutschland, denn es kann nicht zwangsläufig davon ausgegangen werden, dass die Liberalisierung von Verhaltensnormen und die schwindende Bedeutung des Ehrbegriffs in städtischen Milieus türkischer Migrantenfamilien in Deutschland in gleicher Weise stattfindet wie in vergleichbaren Regionen in der Türkei[23] (vgl. Schiffauer 2003b: 45).

---

21 Randgebiete türkischer Großstädte, in denen sich überwiegend Binnenmigranten aus dörflichen Gebieten niederlassen. Die Bezeichnung weist auf das schnelle Wachstum der städtischen Randgebiete hin: Gecekondu bedeutet "über Nacht erbaut".

22 In den weitaus überwiegenden Untersuchungen zu den Familienbeziehungen in der Türkei werden eher traditionelle Milieus betrachtet (vgl. u.a. Schiffauer 1983, Strasser 1996, Kagitcibasi/Sunar 1997, Kalaycioglu/Rittersberger-Tilic 1997). Schiffauer (1993) liefert eine ethnologische Untersuchung zu städtischen Milieus in der Türkei.

23 Allerdings müsste beim Vergleich von Familien in städtischen Milieus in der Türkei und in Deutschland zusätzlich eine Milieukomponente einbezogen werden, durch die soziostrukturelle Aspekte wie Alter und Bildung im Vergleich Deutschland/Türkei berücksichtigt werden. Unter Umständen relativieren sich dadurch die

Schiffauer (2003b) weist in einer aktuellen Studie darauf hin, dass innerhalb der türkischen Migrantengemeinden[24] in Deutschland gegenläufige Tendenzen von wertetransformierenden und wertestabilisierenden Prozessen bezüglich des Ehrkonzepts festzustellen sind (vgl. ebd.: 43ff):

Urbane Lebensverhältnisse führen auf der einen Seite zu wachsenden individuellen Handlungsspielräumen, in denen traditionale Normen ihre Verbindlichkeit verlieren. Im Kontext urbaner Lebensverhältnisse wird der normgeleitete dörfliche Ehrbegriff zunehmend zu individuierten Werthaltungen transformiert und generalisiert. Schiffauer (1991: 247) versteht dabei das „generelle Wegfallen der sozialen Eingebundenheit der Familie" in nachbarschaftliche und familiale Netzwerke in der Migrationssituation als Ursache dafür, dass die „äußere" Kontrolle durch eine „innere" ersetzt wird und es folglich „unter den Handlungsbedingungen einer komplexen Gesellschaft zu einer Internalisierung des Wertes kommen muß" (vgl. ebd.). Schiffauers These erscheint als hinreichendes Erklärungsmuster für die Transformation von ehrgeleiteten Normvorstellungen zu internalisierten Werthaltungen allerdings unbefriedigend: die soziale Kontrolle von Nachbarn und Familienangehörigen außerhalb der Kernfamilie ist in der Migrationssituation zwar unmittelbarer als im Dorf, doch auch für türkische

---

Differenzen. Dazu fehlen meines Wissens allerdings bislang detaillierte Untersuchungen.

24 Der hier von Schiffauer übernommene Begriff der „Migrantengemeinde" ist insofern unscharf, als dass er, wenn damit die Gesamtheit aller Migranten türkischer Herkunft innerhalb eines zu definierenden Sozialraumes gemeint ist, eine innere Organisationsstruktur suggeriert, die einer empirischen Grundlage entbehrt (vgl. Nauck/Kohlmann 1998). Dasselbe Problem eröffnet sich für den aus der englischsprachigen Literatur übernommenen Begriff der „(ethnischen) Community". Der u.a. von Nauck verwendete Begriff der „ethnischen Kolonie" erfüllt m. E. den Anspruch der Neutralität an einen wissenschaftlichen Begriff nicht: die negative Konnotation einer „feindlichen Besiedelung" erscheint hier vordergründig. Im folgenden soll deshalb sowohl in diesem Zusammenhang als auch in einer individuenzentrierten Perspektive in Anlehnung an Schenk (1983) von „ethnischen Netzwerken" als „Verdichtungszone sozialer Netzwerke" (ebd.: 93) gesprochen werden. Dieser Begriff erscheint insofern passender, als dass einerseits die in den Begriffen „Gemeinde" und „Community" implizierte Organisationsstruktur nicht notwendigerweise eingeschlossen ist und andererseits eine potentielle Vernetzung der Individuen über mehrere Netzwerkpfade berücksichtigt ist. Darüber hinaus ist das Charakteristikum der Infinität sozialer Netzwerke (vgl. Schenk 1983) über die für den vorliegenden Sachverhalt relevante Gemeinsamkeit der ethnischen Herkunft begriffstheoretisch begrenzt; über das *ethnische* Netzwerk hinausgehende Netzwerkkontakte sind so aber nicht vollständig ausgeblendet, sondern zumindest im „Schattenbereich" des Begriffs erkennbar. Zudem erscheint der Begriff insofern wirklichkeitsnäher, als dass Individuen in Abhängigkeit von der persönlichen Netzwerkstruktur in individuell unterschiedlichen Ausmaßen in „ethnische Netzwerke" eingebunden sind.

Migrantenfamilien in Deutschland ist der soziale Status innerhalb des ethnischen Netzwerks häufig handlungsleitend (vgl. Kapitel 4). Nauck und Kohlmann (1998) können in ihrer Untersuchung zu Netzwerkbeziehungen in türkischen Migrantenfamilien zeigen, dass türkische Familien in Deutschland zwar weniger als allgemein vermutet in außerfamiliale ethnische Netzwerkstrukturen, dafür aber verstärkt in patrilokale familiale Netzwerke eingebunden sind, die durch Kettenmigration entstanden sind (vgl. ebd.: 206, vgl. Toprak 2002: 99, s. auch BMFSFJ 2000: 112f).

Plausibler erscheint hier ein weiterer Erklärungsansatz, der sich auch auf den Sozialisationsprozess der zweiten und dritten Generation bezieht: In komplexen urbanen Handlungskontexten sind Normen meist in generalisierten Werthaltungen verankert, Verhaltensvorschriften müssen folglich *begründbar* werden. Dies wird insbesondere in der Vermittlung von Norm- und Wertvorstellungen an die Kindergeneration handlungsrelevant (vgl. ebd.: 251). Vor dem Hintergrund einer intergenerationalen diskursiven Infragestellung ehrgeleiteter Normvorstellungen in der Migrationssituation können dann u.U. auch die dahinter stehenden Werthaltungen selber in Zweifel gezogen und modifiziert werden (vgl. ebd.). Dieser Prozeß kann schließlich auch generationsübergreifende Konsequenzen für die Auflösung traditionaler Vorstellungen haben.

Die Infragestellung primär normgeleiteter Vorstellungen des Herkunftkontextes vor dem Hintergrund primär wertrationaler Haltungen der Aufnahmegesellschaft setzt sich auf individueller Ebene oft in dem Bedürfnis fort, auch die Werthaltungen selber begründbar zu machen. In diesem Kontext können auch zunehmende Tendenzen der Religiosität insbesondere unter Männern türkischer Herkunft in der Migrationssituation als Bewältigungsstrategie verstanden werden, die als sinnstiftende Weltbilder offenbar auch in Abgrenzung zu Sinnkonstitutionen der Aufnahmegesellschaft entwickelt werden (vgl. ebd., vgl. Akcam 1999: 127)[25].

In der Migrationssituation sind insbesondere innerhalb der zweiten und dritten Generation Tendenzen zur Retraditionalisierung[26] von Norm- und

---

25  Auf Entwicklungslinien und Erklärungsmuster von Religiosität in der Migration soll hier unter Berücksichtigung der vorliegenden Fragestellung nicht explizit eingegangen werden. Zu religiösen Haltungen von Frauen türkischer Herkunft in Deutschland vgl. u.a. Nökel (1999 und 2002), zu Islamisierungstendenzen von Männern türkischer Herkunft in Deutschland vgl. u.a. Schiffauer (2000), zu Islamisierungsprozessen in der Türkei vgl. u.a. Akcam (1999).

26  Nauck (2000) weist in diesem Zusammenhang darauf hin, dass ein „ethnic revival" bei nachfolgenden Generationen „häufig in der Form von kulturellen Transformationsprozessen [stattfindet], bei denen die gewählten Symbolkomplexe ethnischer Identifikation nicht unbedingt authentische Bestandteile der Herkunftskultur sein müssen, sondern vielmehr Hervorbringungen einer Minoritäten-Subkultur sein

Wertvorstellungen und Handlungsmustern als auch Tendenzen der bewussten Abgrenzung gegenüber Peers der Aufnahmegesellschaft festzustellen (vgl. Schiffauer 2003c). Diese Tendenzen, die Schiffauer (2003a: 21) als „sekundäre Identifikation" beschreibt, werden in der Forschungsliteratur meist als Folge von Zuschreibungs- und Ausgrenzungsprozessen der Aufnahmegesellschaft sowie Diskriminierungswahrnehmungen der Jugendlichen und jungen Erwachsenen verstanden (vgl. Gemende 2003: 264). Aus makrosoziologischer Perspektive weist Stichweh (1998) in diesem Zusammenhang auf eine moralökonomische und die nationalkulturelle Bindungskraft nationaler Wohlfahrtsstaaten hin, die die Bindung an das Herkunftsland begünstigt und damit gleichzeitig die Bindungsfähigkeit von Migranten an das Aufnahmeland erschwert. Statt einer stabilen Wiedereinschließung von Migranten in einen neuen sozialen Kontext etablieren sich aufgrund einer strukturellen Verletzlichkeit von Migranten im Aufnahmeland (ebd.: 55) *transnationale* Netzwerke und Identitäten heraus, die sich zwischen bzw. oberhalb sozialkultureller, nationalstaatlich definierter Grenzen aufspannen (vgl. Pries 1997).

Schiffauer beschreibt in zwei Studien (ebd. 2003c, 2003d) anschaulich Prozesse der Fremd- und Selbstethnisierung, in denen Stereotypisierungen und Vorurteilshaltungen von Angehörigen der Aufnahmegesellschaft und (Selbst-)Ethnisierungen der Migrantenjugendlichen gleichermaßen deutlich werden.

Schiffauer (2002a) stellt darüber hinaus ehrgeleitete, wertkonservative Tendenzen in Gruppen gleichaltriger Männer[27] fest, wenn es darum geht, Einverständnis und Loyalität in Intragruppenprozessen herzustellen.

„Wenn man so will, nutzen Familie und Freundesgruppe den traditionalen Wert als Ressource, um Loyalität in einer Situation aufzubauen, in der sie nicht mehr als selbstverständlich gilt" (ebd.: 45).

Die in der Migrationssituation teilweise aufgebrochenen und in Auflösung befindlichen Normen des Ehrbegriffs werden offensichtlich insbesondere von Männern in Situationen, in denen soziale Unterstützungsleistungen relevant werden, zu einer gemeinsamen männlichen[28] Werthaltung transformiert. Das Ehrkonzept als gemeinsames „männliches" Bezugssystem und

---

können, die in der Herkunftsgesellschaft wenig oder gar keine Entsprechung finden." (ebd.: 349).

27 Schiffauer hat bisher keine Untersuchungen unter Frauen türkischer Herkunft durchgeführt, vgl. dazu Kapitel 4.

28 In diesem Zusammenhang ist es interessant zu untersuchen, inwieweit Retraditionalisierungstendenzen bezüglich des Ehrbegriffs auch unter jungen Frauen türkischer Herkunft zu finden sind. Vgl. dazu Kapitel 4.3 und 4.4.

Deutungsschema findet darüber hinaus auch in sozialen Situationen Anwendung, in denen es um den verbalen Ausdruck von Abgrenzung und Ablehnung, um die Konstruktion kultureller und/oder geschlechtsspezifischer Differenzen geht: „Es handelt sich um Schablonen, mit denen man sich untereinander verständigt, auf deren Basis man ein (scheinbares) Einverständnis für den Moment entwickelt. (...) Kulturelle Schablonen (über „Männer" oder „Frauen" z.B.) eignen sich besonders dazu. Derartige Sprachspiele wirken offenbar in Situationen von Anspannungen oder Krisen als entlastend." (ebd.: 44). In den von Schiffauer beschriebenen „Sprachspielen" gegenüber Frauen manifestieren sich allerdings nicht zu banalisierende (Re-)Traditionalisierungen und (Re-)Konstruktionen von Geschlechterhierarchien, die durchaus auch als situationsübergreifend und handlungskonstituierend verstanden werden müssen (vgl. ebd.: 29ff).

Schiffauer weist darüber hinaus auf den wertestabilisierenden Einfluss des Familiennachzugs aus der Türkei und die Abgrenzung türkischer Eltern von Erziehungsstilen und -zielen der Aufnahmegesellschaft (vgl. Kapitel 2.2.2) hin (vgl. ebd.: 45). Die beschriebenen gegenläufigen Tendenzen führen insgesamt zu einer Diffusion des Ehrkonzepts in der Migrationssituation, die zunehmend auch „kulturelle" Differenzen innerhalb der ethnischen Netzwerke von Migranten türkischer Herkunft zur Folge hat (vgl. ebd.: 74). Schiffauer schlägt deshalb vor, für den Migrationskontext von „den Ehrbegriffen" im Plural zu sprechen (ebd.: 46).

In den Interviews wird durchgängig die signifikante Rolle des ethnischen Netzwerks als Kontrollinstanz bei der Einhaltung von ehrgeleitetenVerhaltensnormen deutlich, mit denen die Frauen konfrontiert sind:

```
"ja, und was ich überhaupt nicht mag, ist, dass die meis-
ten Türken, die ich kenne, wirklich, das ist wirklich die
(2) Mehrheit, oder sehr große Mehrheit, äh sehr stark von
der Meinung der Gesellschaft abhängen, gerade von der
türkischen. Halt ähm, der sagt dies, und der würde über
dich jenes sagen, und das kannst du doch nicht vor dem
machen und das würde dann dieses Gerede geben (...)und
das ist so, was mich so total auch bisschen so von der
Gesellschaft da weg [hält], es gibt sehr viel Gerede bei
uns auch, so, das mag ich einfach nicht." (Interview Gül
958 - 974).
```

In den Interviews zeigt sich, dass die Frauen, sofern sie nicht langfristig in stabile innerethnische Netzwerke eingebunden sind, oft bemüht sind, sich der Kontrolle ethnischer Netzwerke durch räumliche und soziale Distanzierung weitmöglich zu entziehen. Insbesondere in Phasen der Ablösung von der Herkunftsfamilie und der Durchsetzung von Handlungsfreiheiten wirken die Kontrollmöglichkeiten ethnischer Netzwerke oft hemmend auf die Handlungsspielräume der jungen Frauen.

> „also als ich halt meine Phase hatte, wo ich durchsetzen
> wollte, dass ich halt auch spät weggehe und dass ich
> wirklich so mache was ich will so ungefähr, da gab`s halt
> manchmal auch [Bedenken seitens der Eltern], ja, und ich
> hab gehört, wenn Mädchen da hin gehen, dann denken die
> [Angehörigen des ethnischen Netzwerks]über die soundso,
> und ich, und das war halt, das war auch so `ne Sache die
> mich `n bißchen genervt hat, (...) ja, (2) und ich glaube
> sie [die Eltern] versuchen einen halt immer mehr zu be-
> schützen" (Interview Gül 980 - 1014).

Charakteristisch erscheint hier, dass die Interviewpartnerin die Konformität ihrer Eltern gegenüber dem ethnischen Netzwerk einerseits kritisiert, andererseits jedoch mit einer positiven Deutung rechtfertigt ("sie versuchen einen halt immer mehr zu beschützen"). Sie kann sich trotz ihrer kritischen Haltung nicht aus dem gedanklichen Konstrukt des Ehrkonzepts lösen, denn sie befindet sich in ihrem Wunsch nach Selbstbestimmtheit einerseits und dem Wunsch nach Loyalität gegenüber ihren Eltern andererseits in einem Handlungsdilemma, das sich hier in den Ambivalenzen ihrer Deutungen manifestiert. Sie begreift die elterlichen Restriktionen nicht allein als Einschränkung ihrer Handlungsfreiheit, sondern auch als „Schutz" (vgl. dazu auch Kapitel 4.4).

### 2.2.2 Erziehungsvorstellungen der ersten Generation – vom Patriarchat zur Aushandlungsfamilie?

Die Migrationserfahrung der ersten Generation ist vielfach geprägt durch die Konfrontation mit einem weit gehend fremden „westlichen" Wertesystem und der Erfahrung sozialer Schließungsmechanismen der Aufnahmegesellschaft und Diskriminierungserfahrungen (vgl. Schiffauer 2003a). Die Folgen manifestieren sich innerhalb der ersten Migrantengeneration oftmals in überwiegend innerethnischen Netzwerkstrukturen (vgl. Nauck 1997, Nauck/Kohlmann 1998) sowie teilweise auch in Unverständnis und Ablehnung gegenüber den Norm- und Wertvorstellungen der Aufnahmegesellschaft (vgl. Schiffauer 1991: 241)

Diskrepanzen zwischen den Norm- und Wertvorstellungen der Migranten und dem Wertesystem der Aufnahmegesellschaft (vgl. Hämmig 2000: 261ff) können nicht innerhalb einer Generation, vor allem nicht innerhalb eines Lebensverlaufs, bewältigt werden. Die Migranten der ersten Generation haben erlernte Norm- und Wertmuster im Aufnahmeland beibehalten, um in einer fremden Umgebung mit ihren jeweils eigenen kulturspezifischen Deutungs- und Handlungsmustern handlungsfähig zu bleiben. Dies hat für die türkischen Migranten jedoch nicht nur den Zugang zur Aufnahmegesellschaft erschwert, gleichzeitig ist in der Migration trotz anhaltender Rückkehrvorstellungen oftmals der Bezug zum Heimatland verloren gegangen. Über Besuche der Familie in den Ferienwochen allein konnten die in Deutschland lebenden Migranten nicht in gleicher Weise an gesellschaftlichen Wandlungsprozessen im Herkunftsland teilhaben wie ihre Familienmitglieder in der Türkei. So ist die Situation türkischer Migranten der ersten Generation in Deutschland oftmals die einer doppelten Isolation: gegenüber den veränderten Bedingungen im Heimatland einerseits und gegenüber der Aufnahmegesellschaft in Deutschland andererseits.

Das Bild türkischer Migrantenfamilien in Deutschland ist häufig geprägt durch Vorstellungen patriarchalisch organisierter Großfamilien, in denen Frauen unterdrückt und Kinder mit autoritären Erziehungsstilen erzogen werden. Insbesondere medienwirksame journalistische Berichte scheinen dies immer erneut zu bestätigen (vgl. u.a. Reimer in Süddeutsche Zeitung vom 04.12.2003, Kroth im Tagesspiegel vom 29.01.2003, Kahlweit in Süddeutsche Zeitung vom 11./12.10.2003) .

Verschiedene Studien zeichnen ein weitaus differenzierteres Bild türkischer Migrantenfamilien in Deutschland, das gleichermaßen Prozesse der Auflösung traditionaler Normvorstellungen und der (Re)traditionalisierung erkennen lässt (vgl. Atabay 1998, Nauck/Kohlmann 1998, Schiffauer 2002, vgl. Kapitel 4.2).

Die Erziehungsvorstellungen und -praktiken der ersten Migrantengeneration türkischer Herkunft haben die Sozialisation, die Situation im und die Beziehungen zum Elternhaus der zweiten Generation in entscheidender Weise beeinflusst. In der Forschungsliteratur werden relativ übereinstimmende Erziehungsziele türkischer Familien beschrieben, die für die konkreten Erziehungsstile in ruralen und urbanen Gebieten der Türkei und auch in Deutschland in milieuspezifisch unterschiedlichen Ausprägungen handlungsrelevant sind.

Die in der Literatur am häufigsten beschriebenen traditionalen Erziehungsziele gründen sich im Wesentlichen auf die Erziehung zu Respekt und Gehorsam, die Vermittlung der innerhalb der Familie zugewiesenen Geschlechterrollen, die Erziehung zu religiösen Pflichten, die Erziehung zum Nationalstolz und die Erziehung zum Lernen und Leistungsstreben. (vgl. Toprak 2002: 34ff, Yildiz 1997: 149ff).

Die Erziehung zum Nationalstolz spielt in der (schulischen) Erziehung in der Türkei eine große Rolle, beispielsweise gehört das Singen der Nationalhymne in den Schulen zum regelmässigen Pflichtprogramm (vgl. Toprak 2002: 43)[29]. Die Erziehungsziele Respekt und Gehorsam sowie die geschlechtsspezifische Erziehung gründen sich im Wesentlichen auf die Vorstellungen und Verhaltensnormen des Ehrkonzepts (vgl. Kapitel 2.2.1). Die übrigen Erziehungsziele sind – bis auf die religiösen Pflichten und die geschlechtsspezifische Erziehung[30] – sind in dem Eid verankert, den die Grundschulkinder in der Türkei vor Unterrichtsbeginn aufsagen:

---

Andimiz (*Unser Eid*)

Türküm, dogruyum, caliskanim; (*Ich bin Türke, ich bin ehrlich, ich bin fleissig;*)

Yasam kücüklerimi korumak, büyüklerimi saymak,

yurdumu, milletimi özümden cok sevmektir (*Mein Gesetz ist es, die, die kleiner sind als ich zu schützen und die, die größer sind, zu ehren, mein Land und meine Nation mehr als mich selbst zu lieben*)

Ülküm yükselmek, ileri gitmektir. (*Mein Ideal ist aufzusteigen und voranzukommen.*)

Varligim, Türk varligina armagan olsun. (*Meine Existenz sei der Existenz des Türkentums geschenkt.*)

Ey bu günümüzü saglayan, Ulu Atatürk; (*Hey, großer Atatürk, der du unsere heutige Zeit erschaffen hast;*)

Actigin yolda, kurdugun ülkede, gösterdigin amacta

Hic durmadan yürüyecegime ant icerim. (*ich schwöre, dass ich auf dem Weg, den du geöffnet hast, für die Ideale, die du geschaffen hast, für das Ziel, dass du aufgezeigt hast, ohne anzuhalten vorwärts gehen werde.*)

„Ne mutlu Türküm diyene." (*„Wie glücklich sind die, die sagen, ich bin Türke."*)

---

(Originaltext u. Übersetzung aus: Eberding 1994: 42f, zitiert nach Toprak 2002: 42).

---

29  Die stark institutionalisierte Vermittlung einer „nationalen Identität" impliziert auch, dass ethnische und religiöse Minderheiten in der Türkei, wie z.B. Kurden und Aleviten, in ihren spezifischen Bedürfnissen oft nicht berücksichtigt, an der Ausübung kultureller und religiöser Rituale gehindert und auch verfolgt werden. Erst in den letzten Jahren sind einige Zugeständnisse seitens der türkischen Regierung zu verzeichnen, beispielsweise wurde erst im Jahr 2001 das Zeigen von Filmen in kurdischer Sprache von politischer Seite gestattet.

30  Die formaljuristische Gleichstellung von Männern und Frauen sowie die Trennung von Staat und Religion ist in der Türkei gesetzlich verankert (vgl. Timur 1985, Akcam 1999).

Über die Relevanz dieser Erziehungsziele in der Migrationssituation gibt es in der Forschungsliteratur unterschiedliche Aussagen, allerdings herrscht weit gehend Einigkeit darüber, dass die beschriebenen Erziehungsziele für die Migranten der ersten Generation noch überwiegend Gültigkeit besitzen und somit das Erziehungsverhalten gegenüber der zweiten Generation in relevanter Weise beeinflusst haben (vgl. BMFSFJ 2000: 106, vgl. Toprak 2002: 97). Verschiedene Autoren weisen zudem darauf hin, dass die Migranten der zweiten Generation häufig strengere und rigidere Erziehungsstile erfahren haben als sie in der Türkei praktiziert werden (Yildiz 1997: 149, BMFSFJ 2000: 108, Toprak 2002: 98)[31].

Häufig werden Norm- und Wertvorstellungen, Verhaltensmuster, Familien- und Geschlechterbeziehungen in der Migrationssituation retraditionalisiert. In deutschen Sozialisationsinstanzen findet eine Erziehung zu (traditionalen) türkischen Erziehungszielen (vgl. Toprak 2002: 34ff, Yildiz 1997: 149ff) nicht statt, und viele türkische Eltern nehmen die soziale Umwelt der Aufnahmegesellschaft daher als Bedrohung ihrer Wertvorstellungen wahr. Sie fürchten einen Werteverlust, vor dem sie ihre Kinder „schützen" wollen (vgl. Schiffauer 1991: 240ff, vgl. Toprak 2002: 98). Dabei sind die Befürchtungen türkischer Eltern nicht zwangsläufig oder generell als Abwehrhaltungen gegenüber deutschen Institutionen zu verstehen, sondern primär auf „subinstitutionale" Einflüsse (Sexualität, Alkohol, Drogen) gerichtet (vgl. Schiffauer 2003a: 18). Auch in der Literatur wird häufig darauf hingewiesen, dass für traditionsbewusste türkische Eltern insbesondere der Einfluss institutionalisierter außerfamilialer Sozialisationsinstanzen (Schule, Kindergarten) der Aufnahmegesellschaft als bedenklich gilt (vgl. 1991: 241, vgl. Jaeckel/Gerzer-Sass 2000: 208). Die Autoren beschreiben unterschiedliche Handlungsstrategien, die die Eltern entwickeln, um ihre Kinder vor den wahrgenommenen „kulturellen Gefährdungen" (Schiffauer 1991: 242) zu schützen: „Ein Teil der Familien hält sehr stark an den kulturellen Werten und Normen fest, ein anderer Teil setzt bestimmte traditionale Verhaltensweisen und Rollenzuweisungen vorübergehend außer Kraft und eine dritte Gruppe versucht, ihre Kinder auf die sie umgebende Gesellschaft vorzubereiten." (Atabay 1998: 134, vgl. auch Toprak 2002: 97f).

Die Erziehungsvorstellungen in türkischen Migrantenfamilien berühren dabei auch kulturelle Aspekte der Sinndeutung, wie sie eine der Interviewpartnerinnen beschreibt:

---

31 Innerhalb der zweiten Generation sind sowohl Tendenzen der Beibehaltung und Bezugnahme auf türkische Erziehungsziele, als auch Tendenzen der Modifikation und Annäherung an Erziehungsziele der Aufnahmegesellschaft zu verzeichnen (vgl. Kapitel 4.2).

```
"Es ist halt (2), ich glaub das versteht man so nicht,
wenn man also anders aufwächst, weisste, das ist halt,
wir sind eben ganz anders aufgewachsen, wir sind viel mit
diesem ganzen mystischen Kult aufgewachsen, und alles
Mögliche, mit diesen Flüchen, und hastenichtgesehen, und
das hört sich vielleicht immer für Dritte `n bisschen ko-
misch an, aber es ist halt so."(Interview Mehtap 530-
535).
```

Mehtap erlebt die in ihrer Kindheit erlernten Sinndeutungen als diskrepant zu denen, die sie hier z.B. bei der Interviewerin als Angehörige der Aufnahmegesellschaft antizipiert.

Konflikte zwischen diskrepanten Erziehungszielen von Herkunfts- und Aufnahmegesellschaft konkretisieren sich in den Erziehungsstilen türkischer Migrantenfamilien oft insbesondere gegenüber Töchtern, wenn diese in die Pubertät kommen (vgl. Atabay 1998: 134). Bei den Töchtern können diskrepante Erziehungsziele von Herkunfts- und Aufnahmegesellschaft (vgl. Nauck 1990: 94ff, Toprak 2002: 34ff) insbesondere bezüglich des Ehrkonzepts zu andauernden innerfamilialen Konflikten führen, deren inner- und außerfamiliale Bewältigung oft dem Mädchen oder der jungen Frau allein obliegt. Nach Jaeckel/Gerzer-Sass (2000: 208) beziehen sich die in der sozialpädagogischen Praxis relevanten Konfliktlagen meist auf die Handlungsspielräume des Mädchens oder der jungen Frau außerhalb des Hauses (Ausgehen, Teilnahme an Klassenfahrten und Sportunterricht), den Umgang mit dem anderen Geschlecht und Mitgliedern der Aufnahmegesellschaft, arrangierte Ehen und Sexualität vor der Ehe. Hier ist zu beachten, dass dieser Befund nicht zwangsläufig als durchgängiges Muster in türkischen Familien betrachtet werden kann, denn in der sozialpädagogischen Praxis fallen zunächst die „Problemfälle", weniger die liberaler gestalteten Eltern-Kind-Beziehungen auf.

Viele Eltern haben Schwierigkeiten, die antizipierten Erwartungshaltungen und Vorstellungen von Erziehungsstilen und -zielen der Herkunfts- und Aufnahmegesellschaft zu vereinbaren (zur Verunsicherung im Erziehungsverhalten türkischer Eltern vgl. auch Jaeckel/Gerzer-Sass 2000: 207f):

```
„Also wir hatten, mein Vater hat ja auch selber Probleme
ähm uns das beizubringen, wie macht er das, dürfen wir
jetzt in die Disco, nein wir dürfen nicht in die Disco,
aber wir durften dann zu Geburtstags- äh feiern, dann nur
bis zwölf Uhr, manchmal durften wir das, manchmal auch
nicht, dann durften wir, wenn wir dann `n Vers aus dem
Koran auswendig gelernt haben, also der hat dann selber,
wusste er gar nicht wie er das hinkriegen soll" (Inter-
view Filiz 161-169).
```

Insbesondere in der Migrationssituation entsteht bezüglich der komplexen Verhaltensvorschriften innerhalb der türkischen Gesellschaft (vgl. Kapitel 2.2.1 zum Wert der Achtung) oftmals eine Diskrepanz zwischen den Verhaltenserwartungen der älteren Generation und den Verhaltensweisen der jüngeren Generation. Die nachfolgenden Generationen sind im Umgang mit den tradierten Handlungsmustern oftmals ungeübt oder unsicher und erleben die strengen Verhaltensnormen als unverständlich und kompliziert (vgl. Atabay 1998: 26f). Eine Interviewpartnerin beschreibt auf die Frage nach ihren Türkischkenntnissen ihre Schwierigkeiten im Umgang mit den vom Vater erwarteten Verhaltensnormen:

> „ich kann halt mehr die Umgangssprache als dieses Höfli-che, und es gibt so gewisse Worte dessen Bedeutung mir manchmal nicht GANZ so klar sind und dann, ich dann ir-gendwas sage, was dann anscheinend sehr unhöflich war, wirklich SEHR unhöflich war, und dann, mein Vater guckt mich immer total entsetzt an, das kannst du nicht zu dei-nem Vater sagen, und ich immer so, was hab ich denn jetzt schon wieder gemacht ((lacht))." (Interview Gül 390-399).

Die Entfremdung zwischen Eltern- und Kindergeneration in der Migrationssituation wird hier anhand des Konflikts zwischen Vater und Tochter deutlich: Gül spricht mit ihrem Vater auf türkisch, sie beherrscht die Grundregeln der Sprache, nicht jedoch die kulturellen Codes, die über die Sprache vermittelt werden. Der Vater wird ärgerlich, weil die Tochter (un-beabsichtigterweise) kulturelle Höflichkeitsnormen verletzt. Gül selber erlebt hier nicht ausschließlich ihre sprachlichen Fähigkeiten als defizitär, sondern auch ihr kulturelles Wissen über spezifische gesellschaftliche Verhaltensnormen.

Unterschiedliche Erziehungsvorstellungen können dabei auch zu innerfamilialen Konflikten führen. Die selbe Interviewpartnerin berichtet von diskrepanten Erziehungsvorstellungen ihrer Eltern, die offensichtlich nicht allein auf geschlechtsspezifische Orientierungen, sondern auch auf den Stellenwert traditionaler Vorstellungen in den jeweiligen Herkunftsregionen der Eltern zurückzuführen sind: Güls Mutter stammt aus einer Groß-stadt in der Westtürkei, der Vater aus einem Dorf in der östlichen Türkei.

> „das Einzige was mein Papa nicht mag ist äh, wenn ich mich zu freizügig anziehe. Aber das hat halt mehr was mit seiner Erziehung zu tun, weil meine Mutter kommt aus `ner modernen Stadt und ihr macht`s EIGENTLICH nichts aus, a-ber sie versucht `s halt noch so zu schlichten, weil mein Papa halt, damit er sich nicht aufregt, und mein Papa kommt halt, wurde halt bisschen anders erzogen" (Inter-view Gül 222 - 230).

Die Diskrepanzen in den Erziehungsvorstellungen der Eltern werden hier jedoch zusätzlich durch die stärkere Orientierung des Vaters an den Normen des Ehrkonzepts (vgl. Kapitel 2.2.1) überlagert.

Insgesamt ergibt sich auch für die Erziehungshaltungen türkischer Eltern in Deutschland ein differenziertes Bild. In welcher Weise die jungen Frauen türkischer Herkunft mit elterlichen Erziehungs- und Erwartungshaltungen konfrontiert sind, wird im Auswertungsteil im Rahmen der Familienbeziehungen (Kapitel 4.2) aufgezeigt.

Vor der Interviewauswertung im Kapitel 4 wird im folgenden Kapitel (3) die Methodik der Untersuchung dargestellt.

# 3 METHODE

## 3.1 Die Sozialwissenschaftliche Hermeneutik in der qualitativen Sozialforschung

Die Konzeption der Studie und die Auswertung des Interviewmaterials orientieren sich an der Methode der Sozialwissenschaftlichen Hermeneutik[32] (vgl. Soeffner 1989, Soeffner/Hitzler 1994, Soeffner 2000).

Soeffner fasst „Fremdverstehen" als eine alltägliche Routine, die nicht allein im Bereich der Sozialwissenschaften angesiedelt ist (vgl. Soeffner 2000: 166). Die Deutung verbaler und nonverbaler Interaktionsbeiträge des Alter Ego gehört zu den permanenten Aufgaben handelnder Subjekte in ihren jeweiligen Interaktionsfeldern und -kontexten. Die Methode der Sozialwissenschaftlichen Hermeneutik orientiert sich an den Mustern des Fremdverstehens alltäglicher Interaktionen, unterstellt sie jedoch einer methodischen Kontrolle.

Ziel einer Deutung im Sinne der Sozialwissenschaftlichen Hermeneutik ist die Aufdeckung der latenten Sinnstrukturen von im Text geäußerten Handlungszusammenhängen. Diese Sinnstrukturen sind dabei nicht von vornherein gleichzusetzen mit den vom Sprecher geäußerten Motivlagen, Handlungspräferenzen und Deutungen, denn diese lassen sich durch den Akteur selber in ihrer handlungsleitenden Struktur oft nicht vollständig erschließen.

Erst von einem wissenschaftlichen Standpunkt aus, der eine Distanzierung vom Forschungsgegenstand und -feld voraussetzt, gelangt der Deutende zu einer Abstrahierung und Distanzierung und kann die Strukturen subjektiver Sinndeutungen des handelnden Individuums objektivieren[33]. Das handelnde

---

32  auch: hermeneutische Wissenssoziologie
33  Die implizite Gleichsetzung von Probanden- und Forscherperspektive ist ein methodischer Fehlgriff, auf den man bei der Durchsicht von Forschungsarbeiten innerhalb der Migrantinnenforschung häufiger trifft (vgl. Kapitel 4). Die Gefahr der Gleichsetzung von Konstruktionen erster und zweiter Ordnung in der Interpretation ist zum einen von der verwendeten Methode abhängig. Sie ist bei quantitativen Methoden kaum kontrollierbar, in der qualitativen Forschung ist die Gefahr bei inhaltsanalytischen Methoden größer als bei hermeneutischen Verfahren. Zum anderen scheint dieser „Kunstfehler" oftmals auch im Bemühen um eine forschungstheoretische Haltung der „political correctness" zu entstehen, aus deren Positionen

Subjekt hingegen ist in seinen subjektiv-individuellen Deutungen primär an der Aufrechterhaltung seiner sozialen Identität (vgl. Goffman 1967: 10ff) und an Sinnkonsistenz (vgl. Soeffner/Hitzler 1994: 51) orientiert. Aus diesen konträren Positionen heraus ist es wahrscheinlich und nachvollziehbar, wenn die befragten Frauen nicht in jeder Hinsicht mit den im Kapitel 4 folgenden Deutungen der Forscherin einverstanden wären.

> „Sozialwissenschaftliche Hermeneutik beruht auf der Prämisse, daß Menschen versuchen, ihrem Handeln einen einheitlichen Sinn zu geben, weil sie grundsätzlich bestrebt sind, mit sich selber eins zu sein, weil sie *ihre* Sichtweisen als Teil ihrer selbst betrachten. Diese Sinn-'Stiftung' ist (strukturell) zu rekonstruieren. D.h., sozialwissenschaftliches Verstehen soll dazu dienen, gesellschaftliche Wirklichkeiten angemessen und stimmig, zuverlässig, gültig und überprüfbar zu rekonstruieren." (Soeffner/Hitzler 1994: 51, Hervorhebungen im Original).

Die hermeneutische Wissenssoziologie geht in Anlehnung an die phänomenologisch verstehende Soziologie (Schütz 1981, Berger/Luckmann 2000) von einem handelnden Subjekt aus, dessen Norm- und Wertvorstellungen, Sinnzuschreibungen und Handlungsmuster sich auf einen durch Sozialisation erworbenen „lebensweltlich vorgegebenen" Erfahrungszusammenhang stützen (vgl. Schütz 1981, Schröer 1994). Das Individuum erwirbt seine individuelle und subjektivierte Handlungsfähigkeit im Laufe seiner Sozialisation durch einen Erfahrungszusammenhang von gesellschaftlich erprobten und routinierten Regeln und Verhaltensmustern (vgl. Schröer 1994, Schütz 1981). Das Individuum verinnerlicht gesellschaftlich bereits vorhandene Deutungszusammenhänge und Sinnzuschreibungen und reproduziert sie durch seine Handlungen. Gleichzeitig ist das handelnde Subjekt jedoch immer auch Ursprung neuer Deutungs- und Handlungsdefinitionen, denn es muss seine Erfahrungen situational angemessen variieren. Handlungssubjekte finden im Handlungsfeld historisch und sozial entwickelte Routinen und Deutungen vor, die sie sich einerseits aneignen, andererseits deuten sie diese immer wieder neu aus und gelangen dabei zu neuen Definitionen. Die Gestaltung und Geltung gesellschaftlicher Ordnung ist somit an die Sinnzuschreibungen und Interpretationsleistungen der handelnden Subjekte gebunden (Reichertz 2000b: 278). Diese Neuauslegungen werden schließlich als gesellschaftlicher Wissensvorrat (Schütz 1981) wieder in das Handlungsfeld eingespeist (Reichertz 2000a, Berger/Luckmann 2000, Soeffner 1989).

---

heraus die Äußerungen der Probandinnen eins zu eins als Interpretationen übernommen werden, möglicherweise um sich als Forscher nicht auf eine (potentiell konfliktbesetzte) Interpretationsebene begeben zu müssen.

Die wissenssoziologische Ausrichtung der vorliegenden Arbeit ist insbesondere hinsichtlich der Handlungsorientierungen der befragten Frauen türkischer Herkunft relevant. Das handelnde Subjekt greift in seinen Handlungsorientierungen zunächst auf sozial erprobte Wissensbestände und vordefinierte Handlungsroutinen zurück (vgl. Schütz 1981). Diese sind jedoch nicht nur situationsabhängig (vgl. ebd., Schröer 1994), sondern – auf einer gesamtgesellschaftlich-globalen Ebene betrachtet – nur innerhalb bestimmter sozialräumlicher Strukturen gültig.

Nicht nur der Akteur, dessen Handlung es zu deuten gilt, sondern auch der Deutende selber befindet sich dabei in einer bereits vorinterpretierten Wirklichkeit. Das Verstehen von Deutungsmustern und Sinnzuschreibungen des „Alter Ego" (die Konstruktionen zweiter Ordnung) sind determiniert durch historische, politische, soziostrukturelle und kulturelle Zusammenhänge sowie die Position des Akteurs und des Deutenden innerhalb dieser. Die Resultate hermeneutischer Interpretation sind folglich immer perspektivisch gebunden – jedoch keinesfalls beliebig.

Die Interpretationsleistung in der Sozialwissenschaftlichen Hermeneutik ergibt sich aus der Beziehung zwischen dem soziokulturellen Standpunkt des Forschers und den Strukturen des Forschungsfeldes. Sie vollzieht sich nach Soeffner/Hitzler (1994) auf den Ebenen der Reflexion der eigenen Vorurteile, der Leistung, das „Fremde zum Sprechen zu bringen" und der Verortung der Ergebnisse im Bedeutungsraum (vgl. ebd.: 35). Der Deutende muss dazu einerseits von seinem eigenen kulturellen und historischem Hintergrund abstrahieren, um seine Vorurteile dem Forschungsgegenstand gegenüber in die Deutung einbeziehen zu können. Zum anderen muss er die Struktur des fremden Milieus rekonstruieren und die Position des Analysedokuments innerhalb dieser lokalisieren. Schließlich hat er die Aufgabe, beide Sinneinheiten, Deutung und Deutungsgegenstand zu integrieren, indem er sie in einen Kontext möglicher, intersubjektiv nachvollziehbarer Objektivationen einordnet (vgl. ebd.).

Die Unterscheidung von alltagsweltlichem und wissenschaftlichem Fremdverstehen liegt in der methodischen Kontrolle des Deutungsprozesses. Dabei muss die Beziehung zwischen Deutung und ihren Rahmenbedingungen intersubjektiv nachvollziehbar werden (vgl. Soeffner 2000: 171). Als Bedingungen zur „Annäherung an ein intersubjektiv nachvollziehbares Verstehen" nennt Soeffner (2000):

1. *das bewusste und kontrollierte Abstrahieren des Interpreten von den eigenen kulturellen Fraglosigkeiten und der eigenen historischen Perspektive (Reflexion der eigenen Vor-Urteile).*

Der Deutende nimmt einen fortlaufenden Perspektivenwechsel zwischen der eigenen Ausgangsposition, die durch seine individuelle Verortung im historisch-sozialstrukturellen Kontext begründet ist, und den Strukturen, den Sinn- und Deutungszusammenhängen des „fremden Milieus" (Soeffner/Hitzler 1994: 35) vor.

Letztendlich orientiert sich eine - wenn auch implizite und nur latent nachweisbare - *Bewertung* der analysierten Strukturen, Deutungszusammenhänge und Sinnzuschreibungen seitens des Interpreten an dessen individualisierten und habitualisierten historischen, politischen und soziokulturellen Rahmenbedingungen, d.h. immer auch an dessen alltagsweltlichen Verstehensmustern. Diese Bewertungen, Zu- und Einordnungen im Sinne einer „Vorurteils-Haltung" sind während des Deutungsprozesses so weit wie möglich zu reflektieren und damit einer annähernden Objektivierung zugänglich zu machen. Sie werden sich zumindest seitens des deutenden Forschers jedoch kaum vollständig überwinden lassen. Die Reflexion der eigenen (Vor-)urteile und der eigenen soziokulturellen Verortung war für mich persönlich zweifelsohne mit die schwierigste und widersprüchlichste, aber auch herausforderndste Aufgabe, die ich im Rahmen meiner Studie zu bewältigen hatte.

2. *die Rekonstruktion (so weit wie möglich) der Struktur des »fremden« Milieus und der historischen Bindung eines überlieferten Dokuments oder »records« und der »anderen« Lebenswelt seines Produzenten (das Fremde zum Sprechen bringen).* In der vorliegenden Arbeit wird „das fremde Milieu" in der Darstellung der Familienstrukturen in der Türkei und in der Migrationssituation, sowie der Norm- und Wertestrukturen innerhalb des Ehrkonzepts rekonstruiert (vgl. Kapitel 2.2.1 und 2.2.2).

3. *die Zuordnung der eigenen und der fremden Erfahrungsstruktur sowie der eigenen Deutung und des Deutungsgegenstandes zu einem wissenschaftlichen »universe of discourse« objektiv möglicher, d.h. intersubjektiv nachvollziehbarer Milieus, Kontexte und Bedeutungen (Verortung im Bedeutungsraum)* Dies erfolgt hier im Rahmen der theoretischen Einordnung und Positionsbestimmung der Studie im Kapitel 2.1.2.

Der Forscher, welcher nicht selbst Teil seines Forschungsfeldes ist, hat einen nur vermeintlichen strategischen Vorteil. Die notwendige Distanz zum Forschungsfeld lässt sich zwar mit weniger Aufwand gewinnen, die zunächst kleiner geratene Hürde baut sich jedoch an anderer Stelle wieder auf: Der „externe" Forscher muss zu einer Reflexion der *eigenen* bestehenden Vorurteile gegenüber dem Forschungsfeld gelangen und diese in seine oder ihre Deutung einbeziehen (diese Problematik beschreibt auch Geertz 1983: 289ff). Innerhalb des wissenschaftsmethodischen Diskurses der

Migrantinnenforschung lassen sich zahlreiche Beispiele für Auseinandersetzungen über Verstrickungen von Forschern in das Forschungsfeld bzw. „ethnozentristisch-defizitorientierte" Analysen und Darstellungen finden. Die methodische Schwachstelle ist in beiden Fällen dieselbe und ist damit – zumindest theoretisch – unabhängig vom kulturellen Hintergrund des Forschers: es mangelt sowohl in dem einen als auch in dem anderen Fall an der hinreichenden Reflexion der eigenen soziokulturellen Verortung.

„Zur wissenschaftlich, rational verfahrenden Hermeneutik wird Auslegungsarbeit also erst, wenn genügend Distanz zum dokumentierten Forschungsgegenstand besteht und wenn darüber hinaus die Verfahren der Sinnkonstitution, der Bildung von Alternativen, der Sinnselektion, der Verständigung und Konsensbildung beschrieben und aus ihrem Strukturzusammenhang heraus erklärt werden können." (vgl. Soeffner/Hitzler 1994: 52).

Die Verfahren der Sozialwissenschaftlichen Hermeneutik können insofern als „objektiv" verstanden werden, als dass die Ergebnisfindung durch die Transparenz der Deutungsfindung überprüfbar, d.h. intersubjektiv nachvollziehbar wird (vgl. Soeffner/Hitzler 1994). Die Objektivität der Analyse ist damit abhängig von ihrer Überprüfbarkeit: der Offenlegung der Auslegungsverfahren und des in sie eingehendes Vorwissens (Soeffner 2000: 172).

Die Interviewtranskripte sind über die Konstruktion von Deutungsalternativen intensiv bearbeitet und analysiert worden. Auf Grundlage der hermeneutischen Analyse der transkribierten Interviews ist für jedes Interview eine Fallrekonstruktion erstellt worden. Die Fallrekonstruktionen sind Grundlage der vergleichenden Analyse von sozialen Netzwerken, Familienbeziehungen, der Sexualität und Partnerwahl der befragten Frauen (s. Kapitel 4).

## 3.2 Das qualitative Interview

Zu Beginn der Untersuchung war es nicht hinreichend einschätzbar, inwieweit die Frauen in einem offenen Interview mit einer deutschen Frau überhaupt über ihre Lebenssituationen berichten würden. Mehrere Themenbereiche im Interviewleitfaden sind als „heikle Fragen" zu betrachten, insbesondere die Fragen nach der Sexualität. Es war somit nicht von vornherein beurteilbar, ob die zu befragenden jungen Frauen türkischer Herkunft mittels narrativer Interviews befragt werden können. Der hier verwendete Fragebogenleitfaden ist methodisch an dem *problemzentrierten*

*Interview* (Witzel 1982) orientiert. In der Interviewsituation werden narrative, aber themenbezogene Erzählpassagen angeregt. Diese Methodik bietet den Vorteil, dass die Frauen einerseits frei und möglichst unabhängig von äußerer Gesprächssteuerung durch die Interviewerin von ihren Lebenslagen und Sichtweisen erzählen können. Gleichzeitig kann die Interviewerin im Gespräch relevante, aber von der Befragten nicht von selbst angesprochene Themenfelder mit Hilfe entsprechender thematischer Erzählanreize aufgreifen.

Vor Beginn des Interviews sind alle befragten Frauen über die Tonbandaufnahme informiert worden und erklärten sich damit einverstanden. Das meiner Arbeit zugrunde liegende Forschungsinteresse hatte ich schon im telefonischen Vorgespräch erläutert, wenn die Frauen weitere Fragen hatten, wurden diese vor Interviewbeginn besprochen.

Ebenfalls vor Beginn des Interviews habe ich die Frauen auf die Anonymisierung der Transkription hingewiesen und ihnen zugesichert, dass die Interviews nur im Rahmen der wissenschaftlichen Arbeit verwendet werden. Keine der befragten Frauen hat Einwände oder Unsicherheiten geäußert. Nach den ersten Interviews habe ich den Frauen die Wahl gelassen, vor Interviewbeginn selber ein Pseudonym auszuwählen. Einige Frauen nahmen das Angebot an. Dieses Vorgehen hat den Vorteil, dass die spätere Anonymisierung des Gesprächs für die Befragten in der Interviewsituation selbst anschaulicher wird. Das kann einen positiven Einfluss auf eventuell vorhandene Unsicherheiten auf Seiten der Befragten haben.

### 3.2.1 Der Interviewleitfaden als Instrument qualitativer Befragungen

Aus dem Aufbau des Interviewleitfadens und der Reihenfolge der Fragen ergibt sich eine Verknüpfung thematisch beieinander liegender Themenkomplexe und eine potentielle Gesprächslogik. Dennoch soll das Interview durch den Erzählfluss der Befragten gesteuert werden und nicht durch die Gliederung des Interviewleitfadens. Häufig wechseln Befragte zwischen verschiedenen Themenkomplexen und bestimmte Aspekte eines Themenkomplexes werden bereits in Zusammenhang eines anderen angesprochen usw. Hier ist es wichtig, die Befragten möglichst frei erzählen zu lassen und nicht ausreichend behandelte Themen später noch einmal anzusprechen. So ergibt sich im Interview die Möglichkeit, dass die Befragten auch Themenbereiche ansprechen können, die nicht im Interviewleitfaden enthalten sind, die für das Forschungsinteresse aber von großer Relevanz sein können. In der qualitativen Forschung gilt es insbesondere, soziale Phänomene, Sichtweisen und Deutungszusammenhänge aufzudecken, deren Existenz der Forscherin vorher unter Umständen überhaupt nicht bekannt sind. In einer definierten Frage-Antwort-Interaktion mit einem festen Fragenkatalog wäre der Zugang zu Informationen dieser Art erheblich erschwert.

Der Interviewleitfaden ist in vier thematische Schwerpunkte gegliedert (vgl. Interviewleitfaden im Anhang):

1. biografischer Hintergrund

2. Netzwerkbeziehungen

3. Zweierbeziehungen

4. Sexualität

### 3.2.2  Interviewprotokolle

Zu jedem geführten Interview wurde direkt im Anschluss ein Gedächtnisprotokoll verfasst. In den Interviewprotokollen sind zunächst jeweils der Verlauf der Kontaktaufnahme und der Terminvereinbarung protokolliert. Das Protokoll enthält zudem die von der Interviewerin erinnerten und subjektiv zentralen inhaltlichen Aspekte des Gesprächs.

Darüber hinaus sind detaillierte Angaben aus der Interviewsituation angeführt, die mittels der Tonbandaufnahme nicht erfasst werden können: Die Beschreibung des Interviewortes, Besonderheiten der Begrüßungssituation, der Interviewereindruck zur interviewten Frau (Kleidungsstil, Auftreten, Besonderheiten im Verhalten) sowie zusätzliche Angaben zur Gesprächssituation, beispielsweise Unterbrechungen oder relevante Informationen aus dem Gespräch vor und nach dem eigentlichen Interview, die nicht auf Tonband aufgenommen sind.

Die zeitliche Nähe zwischen dem Interviewzeitpunkt und der Anfertigung des Protokolls war besonders wichtig, da viele Einzelheiten und Eindrücke aus der Interviewsituation nur zeitlich begrenzt erinnert werden können. Die Interviewprotokolle enthalten somit wertvolle Informationen über die Interviewsituation und können neben der Tonbandaufnahme und Transkription als zusätzliches Material für Hintergrundinformationen und die Auswertung der Interviews verwendet werden. Für eine der Interviewauswertungen erwies sich das Gedächtnisprotokoll als besonders hilfreich, da ein Teil der Tonbandaufnahme nicht gelungen war und die in der Tonbandaufnahme fehlenden Interviewpassagen mit Hilfe des Gedächtnisprotokolls zumindest inhaltlich rekonstruiert werden konnten.

Die Informationen aus den Interviewprotokollen vermitteln dabei nicht mehr und nicht weniger als einen „ersten Eindruck" zur befragten Person, zur Interviewsituation sowie zum Gesprächsinhalt und -verlauf. Die Auswertung des Datenmaterials basiert jedoch auf der detaillierten hermeneutischen Analyse der Interviews und der anschließenden Interpretation im Gesamtzusammenhang der geführten Interviews und des bisherigen Forschungsstandes (vgl. Kapitel 4).

### 3.2.3 Das Gesprächsanalytische Transkriptionssystem

Die geführten Interviews wurden auf Tonband aufgenommen und vollständig transkribiert. Zur Transkription von wissenschaftlichen Interviews existieren eine Reihe unterschiedlicher Transkriptionssysteme, die sich in der Detailliertheit der Richtlinien, hinsichtlich der verwendeten Zeichen und letztlich auch in der Anwenderfreundlichkeit erheblich unterscheiden (zum Überblick vgl. u.a. Dittmar 2002).

Die Auswahl des Transkriptionssystems erfolgte unter dem Gesichtspunkt, dass das verschriftlichte Interview die für die Auswertung notwendigen und relevanten Informationen enthält und die Lesbarkeit des Textes nicht erheblich beeinträchtigt wird. Das in der vorliegenden Arbeit verwendete Transkriptionssystem zur Verschriftlichung der Interviews basiert auf dem Basistranskript des Gesprächsanalytischen Transkriptionssystems (vgl. Selting et al. 1998)[34]. In den Zitaten im Auswertungsteil werden folgende Zeichen mit entsprechender Bedeutung verwendet:

| | |
|---|---|
| (2) | geschätzte Pause in Sekunden |
| ((lacht laut)) | Beschreibung des Lachens |
| ((hustet)) | para- und außersprachliche Handlungen und Ereignisse |
| »Telefon klingelt« | sprachbegleitende para- und außersprachliche Handlungen und Ereignisse |
| wahrschei- | Wortabbruch |

---

34 Die Transkripte sind aufgrund des erheblichen Textumfangs nicht im Anhang beigefügt. Sie sind, ebenso wie die Fallrekonstruktionen, am Institut für Soziologie der TU Dresden archiviert.

NICHT                    Betonung innerhalb der Satzmelodie

[ ]                      Erläuterungen der Autorin

Hörersignale der Interviewerin („hmhm") wurden nicht verschriftlicht.
Diese Äußerungen dienen dazu, den Erzählfluss der Befragten weiter anzu-
regen und zu signalisieren, dass man der Interviewpartnerin zuhört und ihren Ausführungen folgt. In Bezug auf die Auswertung der Aussagen der
befragten Frauen haben diese Hörersignale jedoch keine signifikante Relevanz. Darüber hinaus würde die Verschriftlichung der Hörersignale die
Lesbarkeit des Textes erheblich beeinträchtigen. Die im Auswertungsteil
(vgl. Kapitel 4) zitierten Interviewpassagen sind hinsichtlich der Lesbarkeit
leicht „geglättet" worden, d.h. überdurchschnittliche Häufungen von Füll-
wörtern („äh") wurden herausgestrichen.


*Anonymisierung*

Die Namen der befragten Frauen werden in der Studie nicht genannt. Sie
wurden durch Pseudonyme ersetzt. Alle Namen, die von den Frauen in den
Interviews erwähnt wurden, sind ebenfalls verändert worden, wobei die
Namen jeweils durch ein Pseudonym aus dem selben Kulturkreis ersetzt
wurden. Ortsbezeichnungen, die Rückschlüsse auf die befragte Frau zulassen, sind durch Abkürzung unkenntlich gemacht worden. In der Transkription sind die jeweiligen Sprecher durch die Initialen ihres Pseudonyms bezeichnet (Beispiel: A steht für Azime, I für Interviewerin).


## 3.3   Das Forschungsfeld


### 3.3.1  Auswahl der Interviewpartnerinnen

Komplexe Samplingverfahren, wie sie im Rahmen quantitativer, repräsen-
tativ angelegter Studien angewendet werden, entfallen bei einer qualitati-
ven Studie aus Gründen der Forschungsintention. Das Anliegen qualitativer
Studien ist ein exploratives, es geht die Aufdeckung *latenter Sinnstrukturen*
(Schütz 1981) und darum, aus ihnen *generalisierbare Handlungstypen*
(Soeffner 1989) abzuleiten (vgl. Kapitel 3.1). Verallgemeinerbare, „reprä-
sentative" Aussagen können anhand qualitativer Studien nur im begrenzten
Umfang getroffen werden.

Hinsichtlich der Auswahl der Interviewpartnerinnen war es wichtig, dass die zu befragenden Frauen bestimmte gemeinsame Merkmale aufweisen, damit eine Vergleichbarkeit der Interviews gewährleistet ist. Der Auswahl der Interviewpartnerinnen der vorliegenden Studie liegen vor dem Hintergrund der Fragestellung folgende Kriterien zugrunde:

- die Frauen sollen nicht jünger als 18 und nicht älter als 30 Jahre sein

- die Frauen sollen überwiegend in Deutschland aufgewachsen sein

- die Eltern der Frauen sollen über die Migrationserfahrung von der Türkei nach Deutschland verfügen und den Großteil ihrer Sozialisation in der Türkei erlebt haben

Otyakmaz (1995: 14) kritisiert die Konzeptionen sozialwissenschaftlicher Studien, in denen die Rekrutierung der Probandinnen türkischer Herkunft über die Einbindung der Forscher in institutionelle Beratungs- und Betreuungskontexte erfolgte. Bei dieser Form der Kontaktherstellung sind Frauen überrepräsentiert, die sich aufgrund psychischer oder sozialer Problemlagen in professionelle Betreuung begeben haben. Die Lebenslagen dieser Frauen würden häufig als „repräsentativ" für die Grundgesamtheit türkischer Frauen in Deutschland dargestellt (vgl. ebd.).

Bei der Auswahl der Probandinnen für die vorliegende Untersuchung habe ich auf Versuche der Kontaktherstellung über Beratungs- und Betreuungseinrichtungen bewusst verzichtet (zur Kontaktherstellung vgl. ausführlich Kapitel 3.3.2). Die Konzeption der Untersuchung ist darauf ausgelegt, Frauen in unterschiedlichen Lebenslagen zu interviewen, und nicht möglichst „problematische" Lebensverläufe darzustellen. Es war mir wichtig, dem Forschungsfeld gegenüber möglichst offen zu sein und in der angestrebten Altersgruppe junger Frauen türkischer Herkunft unterschiedliche Biografien zuzulassen.

Im Hinblick auf die sozialstatistischen Merkmale der Frauen habe ich daher (bis auf das Alter) keine Einschränkungen vorgenommen: vorhandene Schul- und Bildungsabschlüsse, die aktuelle Wohnsituation der Frauen, bestehende Zweierbeziehungen oder Kinder sind bei der Auswahl der Interviewpartnerinnen unberücksichtigt geblieben.

Die Schwierigkeiten beim Zugang zum Forschungsfeld (vgl. Kapitel 3.3.2) und die letztendliche Auswahl der Interviewpartnerinnen (vgl. Kapitel 3.3.3) spiegelt jedoch trotz meiner angestrebten Offenheit gegenüber dem Forschungsfeld wider, zu welchen Frauen ich in meinen hier relevanten Rollen, nämlich als Soziologiestudentin und als Angehörige der Aufnahmegesellschaft, Kontakte herstellen konnte und m.e. zu welchen Frauen eben auch kein Kontakt hergestellt werden konnte.

## 3.3.2  Zugang zum Forschungsfeld

Zunächst habe ich jeweils eine Anzeige in zwei Berliner Stadtmagazinen aufgegeben, die beide mit einem umfangreichen Anzeigenteil ausgestattet sind. Auf diese Anzeigen meldete sich eine junge Frau (Reyhan). Auf Aushänge, die ich an öffentlichen Orten (z.B. an der Freien Universität Berlin und in einem Kindergarten) machte, erfolgte keine Resonanz.

Die Kontaktaufnahme zu meinen Interviewpartnerinnen verlief dann überwiegend über die Vermittlung von Freunden und Bekannten. Es zeigte sich, dass ein persönlicher Anknüpfungspunkt über das soziale Netzwerk von Vorteil war. Ich habe allerdings bewusst darauf verzichtet, Frauen aus meinem näheren Freundes- und Bekanntenkreis zu befragen, um das Interview in einen „anonymen" sozialen Kontext stellen zu können, der den Frauen Gelegenheit gibt, möglichst frei und ohne Bedenken vor sozialen Sanktionen zu erzählen.

Inwieweit die Schwierigkeit, Interviewpartnerinnen über eher formelle Wege zu erreichen, auf eine generelle Zurückhaltung und eine geringe Bereitschaft in der Gesamtbevölkerung, an Interviews teilzunehmen, zurückzuführen ist, oder ob hier ein Charakteristikum der untersuchten Gruppe vorliegt, ist nicht generell und eindeutig zu beantworten. Zumindest für die Frauen türkischer Herkunft, die sich in einem ethnisch eher geschlossenen sozialen Umfeld bewegen, erscheint eine spezifische Zurückhaltung gegenüber einer Teilnahme an einem Interview plausibel. Frauen, die kaum oder keine engeren Kontakte zu Deutschen haben, sind gegenüber einem Interview mit einer deutschen Studentin vermutlich weniger aufgeschlossen.

Obwohl ich über ein informelles Netzwerk zu insgesamt drei jungen Frauen in ethnisch eher geschlossenen Netzwerken Kontakte herstellen konnte, habe ich letztendlich kein Interview innerhalb dieser Gruppe realisieren können. Zur Veranschaulichung der Schwierigkeiten zum Zugang ist hier das Protokoll über den Kontakt zu Nilüfer angeführt:

*Mein Kontakt zu Nilüfer kommt über eine Bekannte türkischer Herkunft zustande. Sie unterrichtet Nilüfer in einem Kurs, der jungen Arbeitslosen den Einstieg in das Berufsleben erleichtern soll. Nilüfer erklärt sich auf die Nachfrage meiner Bekannten bereit, mir ein Interview zu geben.*

*Nilüfer ist 21 Jahre alt, auf Arbeitssuche und lebt bei ihren Eltern im Berliner Bezirk Kreuzberg. Sie spricht das für türkische Jugendliche eines bestimmten Milieus typische „Deutschtürkisch", das sich durch einen markanten türkischen Akzent, einem der türkischen Sprache entlehnten Satzbau und eine flapsige, jugendkulturelle Ausdrucksweise auszeichnet. In diesem Sprachstil verfasst sie auch die email und die SMS, die sie mir schreibt.*

*Ich nehme zunächst Kontakt per email auf und erläutere mein Forschungsinteresse. Nilüfer schreibt zurück, ich könne sie anrufen. Telefonisch vereinbaren wir einen Termin, den sie am Tag des Interviews jedoch absagt - ihre Mutter sei krank geworden und sie müsse sich um sie kümmern. Sie könne noch keinen neuen Termin vereinbaren, verspricht aber, sich zu melden, wenn sie wieder Zeit hat.*

*Ich höre einige Wochen nichts von ihr, und auf die Nachricht, die ich ihr auf der Mailbox ihres Handys hinterlasse, reagiert sie nicht. Einige Zeit später nehme ich noch einmal Kontakt auf, und sie ist bereit, einen Termin zu vereinbaren. Diesen sagt sie jedoch am Tag vor dem Interview per SMS erneut ab, sie sei auf Arbeitssuche und hätte einen wichtigen Termin. Wir vereinbaren direkt einen Alternativtermin für das Wochenende.*

*Am Abend vor dem vereinbarten Termin schickt sie mir eine Kurznachricht auf mein Handy, in der sie mir mitteilt, wir könnten uns nicht treffen, da ihre Eltern „etwas gegen das Interview hätten". Sie entschuldigt sich und beendet die Nachricht mit „ciao".*

*Während der Interaktionen mit ihr scheint sich ihre Haltung mir gegenüber zu verändern, sie scheint sich mir in gewisser Weise verpflichtet zu fühlen, denn sie entschuldigt sich für ihre Absagen und rechtfertigt sich. Offenbar freut sie sich aber auch auf das Interview (was sie wörtlich artikuliert) und beendet die Interaktion per SMS, bei der wir den letzten Interviewtermin vereinbaren, mit dem Zusatz „Küßchen".*

*Es ist für mich nicht eindeutig beurteilbar, was die Ursache ihrer „Verzögerungstaktik" war, wahrscheinlich ist ihr Verhalten jedoch in der häuslichen Situation begründet, aufgrund der Nilüfer sich nicht eindeutig für das Interview entscheiden konnte.*

*Von ihrer Lehrerin habe ich einige Informationen über den familiären Hintergrund Nilüfers erhalten. Die Lehrerin beschreibt mir Nilüfers Vater als autoritär, er kontrolliere während des Unterrichts die Anwesenheit seiner Tochter im Klassenzimmer. Nilüfer äußerte laut Aussagen der Lehrerin, dass sie unter der Kontrolle ihres Vaters und der häuslichen Situation leide. Nach Aussagen der Lehrerin spitzte sich der Konflikt zwischen Nilüfer und ihrem Vater einige Wochen vor meiner Kontaktaufnahme zu: er schlug seine Tochter und fügte ihr so starke Verletzungen zu, so dass sie über mehrere Tage stationär im Krankenhaus behandelt werden musste.*

*Aufgrund meiner Hintergrundinformationen über die häusliche Situation Nilüfers entscheide ich mich, keinen weiteren Kontakt zu ihr aufzunehmen. Ich teile ihr mit, dass ich ihre Absage akzeptiere. Es erscheint aus meiner Perspektive nicht verantwortbar, die junge Frau in weitere häusliche Konflikte zu bringen.*

Grundsätzlich bestanden die Schwierigkeiten bezüglich einer Terminvereinbarung (zumindest vordergründig) in der Möglichkeit oder auch Bereitschaft der jungen Frauen, einen Interviewtermin in ihren Tagesablauf zu integrieren. Nach der Kontaktaufnahme wurde ich von den Frauen oft mehrmals „vertröstet", bereits vereinbarte Interviewtermine wurden (mehrmals) abgesagt, als Gründe wurden andere Verpflichtungen genannt. Auch auf erneute Nachfrage hin konnte ich in dieser Gruppe kein Interview führen.

Allen Interviews ging eine telefonische Kontaktaufnahme voraus. In diesem Vorgespräch informierte ich die Frauen über den Forschungsgegenstand meiner Arbeit, erläuterte kurz den Ablauf eines Interviews und fragte die Frauen, ob sie mit einer Tonbandaufnahme einverstanden seien.

### 3.3.3 Die Interviewpartnerinnen

Insgesamt konnten neun Interviews realisiert werden. Drei Interviews konnten aus methodischen Gründen nicht berücksichtigt werden, denn erst im Interview stellte sich heraus, dass die befragten Frauen die o.g. Auswahlkriterien nicht erfüllten. Eine Interviewpartnerin fällt aufgrund ihres Alters aus der Gruppe der untersuchten Frauen heraus. Zwei weitere Interviewpartnerinnen konnten nicht berücksichtigt werden, da sie nicht der zweiten Migrantengeneration angehören. Erst zum Interviewtermin stellte sich heraus, dass die jungen Frauen Flüchtlinge kurdischer Herkunft waren und erst seit wenigen Jahren in Deutschland leben.

In die vorliegende Analyse gehen sechs Interviews ein. Die befragten Frauen sind zwischen 19 und 30 Jahre alt. Fünf der befragten Frauen gehören der zweiten Generation türkischer Migranten an, ihre Eltern migrierten in den sechziger Jahren im Zuge der Gastarbeiteranwerbung nach Deutschland. Eine junge Frau gehört „formal" der dritten Generation türkischer Einwanderer an, denn bereits ihre Großeltern väterlicherseits migrierten im Zuge der Gastarbeiteranwerbung nach Deutschland. Die Sozialisationsbedingungen im Elternhaus sind jedoch mit denen von Frauen der zweiten

Migrantengeneration vergleichbar, so dass das Interview mit Naile in die Analyse einbezogen wird: der Vater der jungen Frau kam im Alter von zehn Jahren mit seinen Eltern nach Deutschland. Er hat, wie die Väter der anderen Frauen, die Migrationserfahrung selber gemacht und hat einen Großteil seiner Sozialisation noch in der Türkei erlebt. Nailes Mutter kam mit Anfang zwanzig als sogenannte „Heiratsmigrantin" nach Berlin, sie hat damit den Migrationsstatus der „ersten" Generation.

Alle befragten Frauen lebten zum Zeitpunkt des Interviews in Berlin. Fünf der Frauen sind in Berlin geboren und aufgewachsen, eine Frau stammt aus einer Kleinstadt in Nordrhein-Westfalen und ist vor einigen Jahren nach Berlin umgezogen (siehe Kurzbiografie Mehtap). Insgesamt sind unter den befragten Frauen höhere Bildungsabschlüsse überrepräsentiert.

## Kurzbiografien der jungen Frauen

### Gül

Gül ist 19 Jahre alt und in Berlin geboren und aufgewachsen. Sie ist Schülerin an einem Gymnasium und hat zum Zeitpunkt des Interviews gerade den schriftlichen Teil ihrer Abiturprüfungen abgelegt. Gül möchte nach ihrem Abitur eventuell studieren, ist sich über die Wahl ihrer Studienfächer jedoch noch nicht endgültig sicher. Sie weiss auch noch nicht, ob sie in Berlin bleiben möchte oder nicht. Gül wohnt mit ihren leiblichen Eltern, ihrer älteren Schwester (24) und ihrem älteren Bruder (23) in einer gemeinsamen Wohnung in einem Westberliner Bezirk. Ihre Eltern migrierten im Zuge der Gastarbeiteranwerbung in den frühen siebziger Jahren nach Deutschland und arbeiteten beide in einem Großunternehmen. Ihre Mutter ist Frührentnerin und schwer erkrankt, ihr Vater ist arbeitslos. Gül hatte bisher noch keine Zweierbeziehung. Ihr Freundeskreis setzt sich hauptsächlich aus deutschen Freunden zusammen.

### Naile

Naile ist 22 Jahre alt und in Berlin geboren und aufgewachsen. Sie absolviert zur Zeit eine kaufmännische Ausbildung und lebt mit ihren Eltern und ihrem fünfjährigen Bruder in einer gemeinsamen Wohnung.

Nailes Vater stammt aus Anatolien und wurde als Zehnjähriger von seinen Eltern, die als Arbeitsmigranten in Berlin tätig waren, nach Deutschland geholt. Nailes Mutter migrierte im Alter von 20 Jahren von Istanbul nach Berlin, um Nailes Vater, ihren Cousin, zu heiraten.

Naile hat im Laufe ihrer Schulkarriere mehrere Schultypwechsel vollzogen und hat ihr Abitur schließlich auch in der Wiederholung nicht bestanden. Sie konnte so ihren ausgeprägten Berufswunsch, Polizistin im gehobenen Dienst zu werden, nicht realisieren. Mit ihrer derzeitigen Ausbildung ist sie sowohl inhaltlich als auch in ihrer praktischen Arbeit eher unzufrieden. Naile hat seit eineinhalb Jahren einen festen Freund deutsch-arabischer Herkunft. Naile hat ihre Zweierbeziehung zunächst vor den Eltern geheim gehalten. Als ihr Vater davon erfuhr, haben Naile und ihr Freund sich ein Heiratsversprechen gegeben. Sie wollen heiraten, wenn Naile ihre Ausbildung beendet hat. Naile hat über die Berufsschule Kontakte zu deutschen Peers, ihr Freundeskreis setzt sich allerdings primär aus Personen türkischer Herkunft zusammen.

## Reyhan

Reyhan ist 23 Jahre alt, sie ist in Berlin geboren und aufgewachsen und an der Universität für ein Sprachstudium immatrikuliert. Nach ihren eigenen Aussagen studiert sie zur Zeit jedoch nicht, sie jobbt nebenbei und möchte in naher Zukunft ein Lehramtsstudium aufnehmen.

Reyhans Eltern ließen sich scheiden, als Reyhan zwei Jahre alt war. Reyhan lebte nach der Scheidung ihrer Eltern zunächst mit ihren älteren Brüdern (heute 29 und 31 Jahre) bei der Mutter, die nach der Scheidung allein blieb. Als Reyhan elf Jahre alt war, verstarb ihre Mutter an Krebs. Ihr Vater erkrankte kurz darauf ebenfalls an Krebs und kehrte in die Türkei zurück, wo er zwei Jahre nach dem Tod der Mutter ebenfalls verstarb.

Reyhan wuchs nach dem Tod ihrer Mutter bei einem befreundeten türkisch-deutschen Paar auf. Das Paar hat eine Tochter, die drei Jahre jünger als Reyhan ist und die sie als ihre „Schwester" bezeichnet. Reyhan zog im Alter von 18 Jahren wegen andauernder Konflikte mit dem türkischen Pflegevater aus dem Haushalt der Zieheltern aus und lebt seitdem mit einem ihrer Brüder in einer gemeinsamen Wohnung. Reyhan hat seit einem dreiviertel Jahr eine Zweierbeziehung mit einem deutschen Mann. Gegenüber ihren Zieheltern verschweigt sie ihre Beziehung bisher.

## Azime

Azime ist 24 Jahre alt, sie ist in Berlin geboren und aufgewachsen. Azime studiert zwei Sprachen. Sie ist mit 17 Jahren wegen Konflikten mit ihrem Vater aus der elterlichen Wohnung ausgezogen und lebt seitdem mit ihrer älteren Schwester in einem gemeinsamen Haushalt.

Azimes Mutter ist vor vier Jahren an Krebs gestorben. Ihr Vater lebt mittlerweile in der Türkei, er kommt jedoch regelmässig nach Berlin, um sich medizinisch behandeln zu lassen. Der Vater hatte die Familie bereits vor dem Tod der Mutter verlassen und ist inzwischen wieder verheiratet. Azime hat drei Geschwister: einen Bruder (37 Jahre) und zwei Schwestern (35 und 32 Jahre). Azime hatte seit der Adoleszenz mehrere Zweierbeziehungen, die längste Beziehung dauerte fünf Jahre. Seit einem Jahr hat Azime eine Zweierbeziehung mit einem Mann griechischer Herkunft. Ihren Eltern (heute ihrem Vater) verschweigt sie ihre Beziehungen konsequent. Azime hat deutsche und türkische Freunde.


## Mehtap

Mehtap ist 28 Jahre alt. Sie ist in einer Kleinstadt in Nordrhein-Westfalen geboren und aufgewachsen. Sie hat in Nordrhein-Westfalen Geografie studiert und ist nach ihrem Studium nach Berlin gezogen. Sie macht Musik in einer Band und hat einen Teilzeitjob. Während ihres Studiums lebte sie allein und in einer WG, in Berlin wohnt sie zur Zeit ebenfalls in einer WG. Mehtap hat eine Schwester (24 Jahre) und einen Bruder (27 Jahre). Als Mehtap zehn Jahre alt war, ließen sich ihre Eltern scheiden. Der Vater kehrte nach der Scheidung in die Türkei zurück. Mehtap berichtet, dass ihre Herkunftsfamilie nach der Scheidung massiven Anfeindungen seitens des türkischen Familiennetzwerks ausgesetzt war. Mehtap hatte eine acht Jahre dauernde Beziehung zu einem deutschen Partner, von dem sie sich vor kurzem getrennt hat. Mehtap hat überwiegend deutsche und Freunde nichttürkischer Herkunft.


## Filiz

Filiz ist 30 Jahre alt, sie ist in Berlin geboren und aufgewachsen und arbeitet als Kindererzieherin. Sie hat zwei Töchter (5 und 7 Jahre). Filiz hat sich vor zwei Jahren vom afrikanischen Vater ihrer Kinder getrennt, die Beziehung dauerte insgesamt zwölf Jahre. Filiz lebt mit ihren Töchtern in einer gemeinsamen Wohnung und hat einen deutschen Freund.

Filiz hat einen älteren Bruder aus der ersten Ehe ihrer Mutter und drei Schwestern. Sie hat seit ihrer Adoleszenz Zweierbeziehungen, die sie als Jugendliche gegenüber ihren Eltern konsequent verschwieg. Als Filiz 18 Jahre alt war, kam es aufgrund ihrer damaligen Beziehung zu einer offenen Konfliktsituation mit ihrem Vater. Filiz verließ die Familie und zog zu ihrem Freund. Letztendlich akzeptierten die Eltern ihre Zweierbeziehung. Filiz hat hauptsächlich Freunde nichttürkischer Herkunft.

# 4 NETZWERKBEZIEHUNGEN,

## PARTNERWAHL UND SEXUALITÄT

Junge Frauen türkischer Herkunft der zweiten Migrantengeneration sind zumeist in Deutschland geboren und aufgewachsen und somit (in unterschiedlicher Ausprägung) ab einem frühen Zeitpunkt ihrer Sozialisation in Kindergarten, Schule und Freundschaftsnetzwerken in unterschiedliche Orientierungssysteme von Herkunftskontext und Aufnahmegesellschaft eingebunden. Daraus kann sich eine hohe Handlungskompetenz in verschiedenen sozialen Kontexten entwickeln (vgl. Hoffmann 1990: 209); dieser Aspekt wird v.a. in neueren Studien heraus gearbeitet (vgl. u.a. Gutierrez Rodriguez 1999, Günay 2001, Ofner 2003).

Ein für die Frauen positiver, d.h. ihre Handlungskompetenz erweiternder Sozialisationsverlauf ergibt sich jedoch nicht zwangsläufig. In bestimmten Handlungsfeldern erworbene Wissensvorräte (vgl. Schütz 1981) sind nicht ohne weiteres auf vergleichbare situationale Kontexte anderer „kultureller" Handlungskontexte anwendbar (vgl. Goffman 1996: 37). Die Frauen sind daher in besonderer Weise gefordert, neue Handlungs- und Deutungsalternativen zu entwickeln, zu etablieren und situational anzupassen.

Konflikte zwischen der Elterngeneration türkischer Migranten und ihren Kindern lassen sich dabei auch, aber nicht allein (wie Otyakmaz 1995: 128ff interpretiert) als intergenerationale Aushandlungen über innerfamiliale Handlungs- und Entscheidungsspielräume fassen, wie sie in unterschiedlichen Ausprägungen in nahezu allen (modernen) Gesellschaften stattfinden (vgl. Freud 2000: 87). Die Konfliktlagen zwischen Eltern- und Kindergeneration werden durch die Migrationssituation noch einmal verschärft: Norm- und Wertvorstellungen, Deutungs- und Handlungsmuster differieren nicht nur zwischen Eltern- und Kindergeneration, sondern oft auch zwischen Herkunfts- und Aufnahmekontext (vgl. Hoffmann 1990: 208)[35]. Dies betrifft insbesondere die Erwartungen der Eltern an das Sexualverhalten und die Partnerwahl ihrer Töchter (vgl. Toprak 2002: 98f, Kapitel 2.2.1, Kapitel 4). Auch Hämmig (2000: 271ff) findet eine empirische Bestätigung für die These, dass Generationenkonflikte in Migrantenfamilien ausgeprägter sind als in Familien der Aufnahmegesellschaft. Die zweite Generation ist durch ihre Sozialisation zumindest in Teilen des Aufnahmekontextes mehr als ihre Eltern, deren primäre Sozialisation zum

---

35  Zusätzlich ist dabei nicht zu vernachlässigen, dass Erziehungsziele auch *innerhalb* türkischer Netzwerke sowie der „deutschen" Gesellschaft erheblich differieren können.

Zeitpunkt der Migration bereits abgeschlossen war, in Vorstellungen von Lebensverlaufsmustern der Aufnahmegesellschaft eingebunden.

Die Diskrepanzen in den Erwartungshaltungen und Handlungsanforderungen des deutschen Umfeldes und des türkischen Netzwerks werden von den jungen Frauen in unterschiedlicher Weise bearbeitet.

Nach der detaillierten hermeneutischen Analyse des Interviewmaterials lassen sich aus den Fallrekonstruktionen zu den geführten Interviews in einer vergleichenden Analyse drei Handlungsmuster typisieren, die als Bewältigungsstrategien der jungen Frauen zu verstehen sind. Nach einer kurzen Darstellung der typisierten Handlungsmuster werden diese vor dem Hintergrund der sozialen Netzwerke, der Familienbeziehungen, der Sexualität und Partnerwahl der befragten jungen Frauen rekonstruiert.

A. Das Handlungsmuster der Anpassung    Gül (19) und Naile (22)

Die Frauen orientieren sich in ihren Verhaltensmustern primär an den Verhaltenserwartungen der Eltern. Dabei haben sie diese weit gehend in ihr Selbstbild und ihre Lebensentwürfe integriert.

B. Das Handlungsmuster des Verschweigens   Reyhan (23) und Azime (24)

Die Frauen beziehen sich in ihren Verhaltensmustern auf die Erwartungshaltungen der Familie, entwickeln jedoch Handlungsstrategien, elterliche Erwartungshaltungen und Verbote zu umgehen. Sie orientieren sich primär an individualisierten Handlungsoptionen, setzen ihre Lebensentwürfe jedoch nicht offen gegen die Familie durch.

C. Das Handlungsmuster der Ablösung       Mehtap (28) und Filiz (30)

Die Frauen orientieren sich in ihren Verhaltensmustern primär an individualisierten Vorstellungen und setzten diese auch gegen davon abweichende Erwartungshaltungen der Familie durch.

Die beschriebenen Handlungsmuster sind als Idealtypen (Weber 1976) und nicht als statische Orientierungen zu verstehen, die jeweils einem Lebensverlauf zuzuordnen sind. Vielmehr realisieren die Frauen im Lebensverlauf oft mehrere Handlungsmuster, wobei in Abhängigkeit von der jeweiligen Lebenssituation unterschiedliche Kombinationen und Reihenfolgen denkbar sind. Bei den befragten Frauen gibt es zudem Hinweise auf einen Zusammenhang der Handlungsmuster mit dem Lebensalter.

## 4.1   Freundschaftsbeziehungen

Die sozialen Netzwerke (vgl. Schenk 1983) von Frauen türkischer Herkunft werden in diesem Kapitel unter dem Blickwinkel der außerfamilialen Netzwerkbeziehungen untersucht. Für die Fragestellung der Untersuchung lassen sich aus den Netzwerkstrukturen insbesondere Hinweise für das Ausmaß an sozialer Unterstützung (vgl. Nestmann 1997: 215) und sozialer Kontrolle (vgl. Kapitel 2.2.1) ablesen. Anhand der Analyse der Netzwerkbeziehungen ist die Verortung der jungen Frauen in ihrem sozialen Umfeld bestimmbar. Im folgenden Kapitel werden die Freundschaftsbeziehungen türkischer Frauen unter Berücksichtigung der typisierten Handlungsmuster beleuchtet.

Der überwiegende Teil von Untersuchungen zu Netzwerkkonfigurationen in Migrantenpopulationen bezieht sich auf familiale Netzwerkstrukturen (vgl. u.a. Morgenroth/Merkens 1997, Nauck 1997a, 1997b, Nauck/Kohlmann/Diefenbach 1997, Nauck/Alamdar-Niemann 1998, Kohlmann 2000, Nauck 2000). Außerfamiliale Netzwerkbeziehungen türkischer Migranten der zweiten Generation sind bisher nur selten und oft im Kontext übergreifender Fragestellungen zum Akkulturationsverlauf untersucht worden (vgl. u.a. Riesner 1991, Herwartz-Emden/Westphal 2000).

Der Netzwerktypus der Freundschaftsbeziehungen unterscheidet sich von dem der familialen und ethnischen außerfamilialen Netzwerkbeziehungen insbesondere hinsichtlich der Freiwilligkeit der Beziehung (vgl. Auhagen 1993:217ff) – während Familie gesetzt ist, ist Freundschaft gewählt (vgl. Nestmann 1997: 224). Freundschaftsbeziehungen können nicht nur frei gewählt, sondern auch frei gestaltet und auch beendet werden, für familiale, und, wie im folgenden gezeigt wird, teilweise auch für außerfamiliale Netzwerkbeziehungen der jungen Frauen gilt dies nicht oder nur sehr eingeschränkt.

Nauck/Kohlmann/Diefenbach (1997) stellen bei den Netzwerkkonfigurationen von türkischen Migranten der ersten Generation eine hohe Homogenität zugunsten verwandtschaftlicher Beziehungen fest: 66 Prozent der Eltern haben ausschließlich verwandtschaftliche Kontakte, bei den Müttern sind es sogar 75,3 Prozent. In der Kindergeneration ist eine Verschiebung zugunsten außerfamilialer Netzwerkbeziehungen zu verzeichnen, allerdings haben immerhin 18,3 Prozent der Kinder ebenfalls ausschließlich verwandtschaftliche Kontakte. Die Autoren stellen auch für die ethnische Netzwerkstruktur von der Eltern- zur Kindergeneration intergenerationale Unterschiede fest: nur 8,4 Prozent der Eltern (Mütter 7,2; Väter 9,5 Prozent) geben mindestens eine deutsche Bezugsperson im sozialen Netzwerk an, in der Kindergeneration haben 33,5 Prozent der Töchter und 45,6 Prozent der Söhne ein interethnisches Netzwerk (vgl. Nauck/ Kohlmann/Diefenbach 1997: 487ff). Bei der quantitativen Verteilung der Netzwerkmitglieder erhellt sich das Bild nochmals: Von der Gesamtanzahl genannter Beziehungen besteht bei der Elterngeneration 1,5 Prozent der Beziehungen zu Deutschen, bei der Kindergeneration 7,5 Prozent. Hier wird sichtbar, dass in der zweiten Generation zwar eine signifikante Zunahme interethnischer Netzwerkkontakte feststellbar ist, dass aber insbesondere die Töchter zu über zwei Dritteln keine Kontakte zu Deutschen haben.

In einer Repräsentativumfrage zur Lebenssituation türkischer Berlinerinnen und Berliner geben 81 Prozent der Befragten (gegenüber 75 Prozent 1999) an, deutsche Freunde zu haben (vgl. Die Ausländerbeauftragte des Senats von Berlin 1999 und 2001, Pressemitteilung). Unter der Perspektive, dass Freundschaftsbeziehungen zwischen Einheimischen und Migranten häufig als Integrationsindikator verstanden werden, stimmt dieser Befund zunächst positiv. Leider wird in diesem Zusammenhang jedoch über den *Anteil* deutscher Freunde im sozialen Netzwerk nichts ausgesagt, so dass die Ergebnisse nur unter Vorbehalt als Indikator für ausgeprägte Kontakte zwischen Migranten türkischer Herkunft und Deutschen verstanden werden können.

Auch Herwartz-Emden und Westphal (2000) stellen in ihrer Untersuchung eine hohe ethnische Homogenität in den außerfamilialen Netzwerken von Migrantenjugendlichen türkischer Herkunft fest. Die Freundschaftsbeziehungen der befragten Jugendlichen sind in überwiegendem Maße intraethnisch, Kontakte zu deutschen Jugendlichen bestehen lediglich über institutionalisierte Kontexte (Schule, Sportverein) und erstrecken sich kaum auf private Freizeitaktivitäten. Ein interessantes Ergebnis beschreiben die Forscherinnen für die Gruppe der weiblichen Migrantenjugendlichen türkischer Herkunft: Während sowohl die befragten Aussiedlerjugendlichen als auch die westdeutschen Jugendlichen in Freundschaftsnetzwerke eingebunden sind, die sich aus beiden Geschlechtern zusammensetzen, weisen die Mädchen türkischer Herkunft ein überwiegend gleichgeschlechtliches Freundschaftsnetzwerk auf (vgl. ebd.).

Im folgenden werden die Freundschaftsbeziehungen der befragten Frauen unter besonderer Berücksichtigung der subjektiven Deutungen im Hinblick auf die individuelle Netzwerkstruktur beleuchtet.

Von den in der vorliegenden Untersuchung befragten jungen Frauen türkischer Herkunft befindet sich nur Naile (Handlungsmuster A) in einem überwiegend innerethnischen Freundschaftsnetzwerk: „ja, egal wie scheisse das auch klingt, überwiegend ist irgendwie der Freundeskreis mit Türken" (Interview Naile 860 - 862). Naile gelangt zu dieser Erkenntnis, nachdem sie auf die Frage nach ihrem Freundeskreis ihre Freundinnen und deren jeweilige Nationalitäten aufgezählt hat. Es ist ihr offenbar wichtig, die Struktur ihres Freundschaftsnetzwerks zu rechtfertigen, denn sie betont im Interview, die Auswahl ihrer Freundinnen sei „rein zufällig" (1382f). Es wird jedoch deutlich, dass primär der ethnische Hintergrund der Freundinnen ihre Wahl bestimmt, denn sie teilt mit ihnen bestimmte Aspekte in den Lebenssituationen, insbesondere die Restriktionen des Elternhauses.

> „klar hatten wir deutsche Freundinnen (3) und mit denen man auch, aber privat halt immer etwas weniger Kontakt hatte. Weil, das war halt bei denen anders. Ich musste, oder ich muss es immer noch, mit zweiundzwanzig immer um neun Uhr zu Hause sein." (Interview Naile 1386 - 1391).

Naile hat über die Schule Kontakte zu deutschen Peers, aus denen allerdings keine über den institutionellen Kontext hinausreichenden Freundschaften entstanden sind. Auch Herwartz-Emden/Westphal (2000) weisen in ihrer Studie auf eine verstärkte Hinwendung von türkischen Migrantenjugendlichen zur eigenethnischen Gruppe ab einem bestimmten Alter hin, stellen dies aber vor allem für männliche Jugendliche türkischer Herkunft fest (vgl. ebd. 250f).

Nailes außerfamiliales Netzwerk ist dabei auch durch Gelegenheitsstrukturen bestimmt, denn sie ist bereits seit ihrer Kindheit über die Struktur der Schulklasse, des Wohnumfeldes und die familialen Netzwerkbeziehungen der Eltern in hauptsächlich innerethnische Netzwerke eingebunden (Interview Naile 15 - 27). In Nailes Fall bestätigen sich die von Herwartz-Emden/Westphal (2000: 250) vorgefundenen überwiegend gleichgeschlechtlichen Freundschaftsnetzwerke weiblicher Jugendlicher türkischer Herkunft. Diese spezifischen Netzwerkstrukturen lassen sich unter Rückgriff auf die Verhaltensnormen des Ehrkonzepts (vgl. Kapitel 2.2.1) relativ plausibel erklären: wird ein Mädchen oder eine junge Frau in der Öffentlichkeit mit einem Jungen oder jungen Mann gesehen, kann dies im ethnischen Netzwerk ihren Ruf und damit den Status der Familie gefährden (vgl.

Toprak 2002: 99). Naile darf männliche Freunde und auch ihren Freund nur in Ausnahmefällen mit nach Hause bringen und muss ihre Eltern vorher um Erlaubnis fragen:

> „ich hatte nur einen Jungen mal mit dabei, aber der war irgendwie ein Freund von mir, der sich halt mit dem Computer gut auskannte und ich hatte gerade Probleme, und da hab ich wie gesagt meine Eltern gefragt, darf er mal nach Hause kommen, sie so jaja, bring ihn mal nach Hause" (Interview Naile 892 - 898).

Insofern sind ausschließlich gleichgeschlechtliche Freundschaftsbeziehungen junger Frauen türkischer Herkunft auch als Bewältigungsstrategie gegenüber den Verhaltenserwartungen der Familie zu verstehen (vgl. auch Riesner 1991: 33). Gleichzeitig schaffen die aus dem Ehrkonzept resultierenden geschlechtsspezifischen Verhaltensanforderungen eine zusätzliche Diskrepanz zwischen männlichen und weiblichen Handlungsspielräumen und Lebenssituationen. Freundschaftsbeziehungen, die gerade auf Ähnlichkeiten und Gemeinsamkeiten beruhen (vgl. Hays 1988: 404), werden damit zwischen jungen Männern und Frauen türkischer Herkunft zunehmend unwahrscheinlich[36].

Gül (Handlungsmuster A), Reyhan und Azime (Handlungsmuster B) haben hingegen durch ihre Sozialisation in einem primär „deutschen" Umfeld ein überwiegend „deutsches" Freundschaftsnetzwerk aufgebaut[37] und ihre Freundschaftsbeziehungen auch über eine institutionalisierte Einbindung hinaus aufrecht erhalten.

Gül und Reyhan wünschen sich für die Zukunft ausdrücklich derzeit fehlende türkische Freundschaftsbeziehungen. Sie begründen ihren Wunsch jedoch nicht wie Naile mit den geteilten Lebenssituationen und -entwürfen, sondern beziehen sich vor allem auf Aspekte der türkischen Kultur:

> „weil es ist ja schön, auch mal in seiner eigenen Sprache zu sprechen und auch mal so die eigenen Witze, weil es gibt einfach Redewendungen, die kann man einfach nicht übersetzen und wenn ich dann irgendwas, mir in den Kopf kommt und ich möcht`s sagen und dann, steh ich doof da und ich lach und alle gucken mich an oder so, oder wenn man sich einfach mal türkische Musik anhört, weil nicht jeder Deutsche kann sich das auch immer antun so" (Interview Gül 1094 - 1108).

---

36 Zu Unterschieden „weiblicher" und „männlicher" Freundschaftskonzepte vgl. Auhagen 1993b: 221ff.

37 Zum Einfluss der Sozialisationsbedingungen auf die Netzwerkstrukturen vgl. auch Riesner 1991: 143.

Azime hat ihren Wunsch nach türkischen Freundschaftsbeziehungen bereits realisiert, sie hat seit einigen Jahren explizit Kontakte zu jungen Frauen türkischer Herkunft aufgebaut (Interview Azime 308 - 310). Sie betont in diesem Zusammenhang jedoch explizit die „offene Haltung" ihrer türkischen Freundinnen und grenzt sie ausdrücklich von ihrem sonst negativ geprägten Bild junger Frauen (und Männer) türkischer Herkunft in Deutschland (vgl. dazu auch Straßburger 1999: 162f) ab:

```
„also, die sind dann auch so, eher offen, und irgendwie
haben die schon einen recht deutschen Touch, jetzt nicht
so viel türkische Musik hören oder so" (304 - 307) ;

„ich würd jetzt auch nicht mit so krassen Türken oder so
befreundet sein, weil, sie sind schon alle so recht ähn-
lich, also in ihren Ansichten" (Interview Azime 321 -
324).
```

Die bewusste Abgrenzung junger Frauen türkischer Herkunft von innerethnischen Netzwerkkontakten resultiert zudem offenbar aus dem Bestreben der Frauen, sich der sozialen Kontrolle ethnischer Netzwerke (vgl. Kapitel 2.2.1) zu entziehen.

```
„ mit türkischen [Mädchen] hab ich irgendwie (2) noch `n
Tick größeres Problem, halt, wahrscheinlich halt wie ge-
sagt, im Hinterkopf immer noch der Gedanke, es könnt Ge-
rede entstehen oder man könnt, man könnt sich untereinan-
der kennen und wenn halt irgendeiner boshaft ist oder so
erzählt er irgend etwas was ihm mal so einfällt und ich
glaube davor will ich mich doch `n bisschen schützen"
(Interview Gül 1081 - 1089).
```

Mehtap und Filiz (Handlungsmuster C) weisen beide multiethnische Netzwerkbeziehungen auf, in die hauptsächlich Freunde nichtdeutscher Herkunft, jedoch kaum Freunde türkischer Herkunft eingebunden sind. Beide Frauen grenzen sich explizit von jungen Frauen türkischer Herkunft ihres Alters ab und schließen Freundschaftsbeziehungen mit Frauen türkischer Herkunft in eher traditionalen Lebensentwürfen sogar kategorisch aus.

```
„na ich glaube früher hatten wir so dieselben Interessen
gehabt in der Schule, und ähm danach haben sich halt auch
unsere Wege getrennt, also, die Freundinnen, die ich frü-
her hatte, die sind jetzt heute so diese typischen türki-
schen Mütter mit `nem türkischen Ehemann und äh arbeiten
dann auch leider nicht, und das kann ich nicht akzeptie-
ren" (Interview Filiz 80 - 87).
```

Mehtap und Filiz haben auch Freundschaftsbeziehungen zu Deutschen, sie weisen jedoch übereinstimmend darauf hin, dass sie diese unter der Voraussetzung eingegangen sind, innerhalb der Freundschaftsbeziehungen ihr Freundschaftskonzept realisieren zu können. Dieses gründet sich gegenüber den als „typisch deutsch" wahrgenommenen Freundschaftskonzepten insbesondere auf eine selbstverständlicher realisierte Intimität, die sie tendenziell eher bei Freunden mit Migrationshintergrund finden.

```
„auch auf`m Campus zum Teil, also zu Anfang, deshalb bin
ich dann mehr zu Ausländern rüber tendiert, weil ich fand
das total blöd einfach, dass du dann irgendwie nicht mal
zu dir nach Hause gegangen bist, sondern immer irgendwo
draussen, oder in der Cafete, weisste, so, das war halt
echt komisch. (3) Und das find ich dann, deshalb hab ich
dann DA mehr mit Ausländern zu tun gehabt. Jetzt nicht
unbedingt äh nur Türken, sondern halt unterschiedlich ir-
gendwie. Und wenn dann nur deutsche Freunde oder Bekann-
te, die dann halt auch eben offener waren, also, die dann
halt auch nicht irgendwie meinten, lass uns doch irgendwo
da und dort treffen. (2) Die sind dann auch zu dir gekom-
men, du konntest auch zu denen" (Interview Mehtap 1243 -
1258).
```

Die Freundschaftsbeziehungen der befragten jungen Frauen lassen sich somit in drei (bereits realisierte oder gewünschte) Muster kategorisieren: innerethnisch, deutsch-türkisch und multiethnisch.

Eine innerethnische Netzwerkstruktur (Naile) macht es möglich, dass die Aufnahmegesellschaft als Bezugssystem weit gehend ausgeblendet werden kann. So entstehen in der Wahrnehmung der eigenen Lebenssituation keine als defizitär erlebten Diskrepanzen bezüglich der eigenen Handlungsfreiheit.

Bei den Frauen, die eine deutsch-türkische Netzwerkstruktur aufweisen (Gül, Reyhan, Azime), gestalten sich die subjektiven Deutungen der (bereits realisierten oder für die Zukunft angestrebten) Kontakte zu Freunden türkischer Herkunft ambivalent: einerseits wünschen die Frauen sich Freunde türkischer Herkunft, mit denen sie „kulturelle" Gemeinsamkeiten teilen können, gleichzeitig sind sie jedoch bestrebt, sich von ethnischen Netzwerken zu distanzieren, deren soziale Kontrollmechanismen sie fürchten. Dies ist insbesondere relevant für die Frauen, die ihre Zweierbeziehungen gegenüber den Eltern verheimlichen (Reyhan, Azime).

Die Frauen, die multiethnische Netzwerkstrukturen aufweisen (Mehtap, Filiz), grenzen sich von Frauen türkischer Herkunft in eher traditionalen Lebensentwürfen explizit ab. Sie gestalten ihr Freundschaftsnetzwerk nach stark individualisierten Vorstellungen und beziehen v.a. Personen mit Migrationshintergrund nichttürkischer Herkunft und „spezielle" deutsche Freunde in ihr Netzwerk ein.

## 4.2 Familienbeziehungen

"Das zentrale Kennzeichen von Familie ist die Zusammengehörigkeit von zwei (oder mehreren) aufeinander bezogenen Generationen, die zueinander in einer Elter-Kind-Beziehung[38] stehen." (Lenz/Böhnisch 1997: 28).

Als zentrale klassische Funktionen von Familie werden in der Literatur häufig die (demografische) Reproduktion, die biologische, wirtschaftliche und emotionale Erhaltung der Familienmitglieder sowie ihre Sozialisation und Statuszuweisung genannt (vgl. ebd.: 55). Diese klassischen Funktionen werden seit Entstehung des bürgerlichen Familienmodells in modernen Familienmodellen industrialisierter Gesellschaften überlagert und modifiziert, teils verlieren oder gewinnen sie an Bedeutung: Sozialisation und wirtschaftliche Erhaltung des Individuums sind aufgrund der Etablierung familienexterner Sozialisationsinstanzen und eines staatlichen Sozialversicherungssystems nicht länger alleinige oder primäre Aufgabe der Familie, hingegen gewinnt die Familie als Ort der emotionalen Unterstützung insbesondere als Gegenpol zur rationalisierten Arbeitswelt zunehmend an Bedeutung (vgl. ebd.).

Gleichzeitig verändern sich innerfamiliale Beziehungsmuster im Zuge der Individualisierung (vgl. Beck 1986) von tradierten, kollektiven Rollenmustern zu individualisierten, interaktional „aushandelbaren" und interessengeleiteten Familienbeziehungen. In diesem Kontext gelten auch innerfamiliale Geschlechterbeziehungen zunehmend als verhandelbar (vgl. dazu auch Lenz 2001: 193ff) . Lenz und Böhnisch (1997) sprechen in diesem Zusammenhang vom „interaktiven Sozialisationsmodell Familie" (vgl. ebd.: 56), in dem Sozialisations- und Lernprozesse intergenerational reziprok verlaufen. Der zunehmend monofunktionale Charakter moderner Familien zeigt, dass die hohen Anforderungen an die primär emotional geprägten Beziehungen auch ein Konfliktpotential in sich bergen: interne Belastungen und die Ambivalenz von Erwartung und Enttäuschung können Folge einer Überforderung der Familie als sozialem Unterstützungssystem sein (vgl. ebd. 60ff).

Der Verlust der Monopolstellung der lebenslangen, monogamen Ehe (vgl. Peuckert 1999: 36ff) ist von einer Pluralisierung von Familienmodellen begleitet, die das Monopol des bürgerlichen Familienmodells durch eine Vielzahl möglicher Lebensformen (mit und ohne Kinder) abgelöst haben (vgl. u.a. Schneider/Rosenkranz/Limmer 1998).

---

38 Die Autoren verwenden hier die im Frühneuhochdeutsch gebräuchliche Singularform des Begriffes „Eltern" (vgl.ebd.), im heutigen Sprachgebrauch ist der Begriff „Elternteil" geläufiger.

Die Familienbeziehungen verändern sich jedoch nicht nur in historischer Perspektive, sondern auch im Sozialisations- und Lebensverlauf des Individuums. Pillemer und Moen (2000) haben für Beziehungen zwischen erwachsenen Kindern und ihren Eltern einige interessante Forschungsergebnisse zusammen getragen. Enge Beziehungen zwischen Eltern und Kindern im Erwachsenenalter bestehen insbesondere bei Statusähnlichkeiten in Bezug auf die Bildung (vgl. ebd. 2000: 70) und werden auch vom Alter des Kindes beeinflusst: Mit zunehmendem Alter nehmen innerfamiliale Differenzen ab. Frauen haben zudem tendenziell engere Beziehungen zu ihren Eltern als Männer und sind unterstützungsbereiter (ebd.: 69).

Die kurz angerissenen Erkenntnisse der Familienforschung beziehen sich in ihrer Forschungsperspektive nahezu ausschließlich auf westeuropäische bzw. nordamerikanische Familien; die nicht unbeträchtliche Anzahl von Einwandererfamilien aus anderen kulturellen Kontexten bleibt in diesen Untersuchungen meist unberücksichtigt. Vor diesem Hintergrund gilt es hier nun aufzuzeigen, wie sich die Familienbeziehungen junger Frauen türkischer Herkunft zu ihren Eltern und Geschwistern gestalten und welche Familienmodelle von türkischen Frauen der zweiten Generation in Herkunfts- und Eigenfamilien gelebt werden. Insbesondere ist in diesem Zusammenhang zu klären, wie das Verhältnis von „traditionalen" Strukturen und solchen zu fassen ist, die sich an der modernen Kleinfamilie (vgl. Peuckert 1999) als „Aushandlungsfamilie" (Lenz/Böhnisch 1997: 56) orientieren.

Nauck und Kohlmann (1998) kommen in ihrer Analyse von Netzwerkbeziehungen in türkischen Migrantenfamilien zu der Schlußfolgerung, dass türkische Migrantenfamilien in Deutschland mehrheitlich nach dem Konzept einer modernen Kleinfamilie organisiert sind (vgl. Nauck/Kohlmann 1998: 224), „das heisst, es überwiegen expressive Funktionen, es gibt eine klare Grenzziehung zwischen inner- und außerfamilialen Beziehungen und es handelt sich nicht um erweiterte Familien." (vgl. ebd.). Die Autoren stellen in einer vergleichenden Analyse der Auswirkungen von Lokalität und von Verwandtschaftsbeziehungen in deutschen und türkischen Familien fest, „dass – entgegen weit verbreiteten Vorstellungen – in residentieller Hinsicht weder das Leben in engen verwandtschaftlichen Beziehungen noch in räumlich verdichteten *ethnic communities* durchgängig typisch für türkische Migrantenfamilien ist. Sie entsprechen vielmehr dem Typus der isolierten modernen Gattenfamilie häufiger als deutsche Familien" (vgl. Nauck/Kohlmann 1998: 229, Hervorhebung im Original). Die Beziehungshäufigkeit zu Verwandten ist bei türkischen Migranten hingegen deutlich weniger als bei den untersuchten Deutschen von der räumlichen Nähe abhängig: türkische Migranten unterhalten auch über weite Distanzen deutlich mehr Verwandtschaftsbeziehungen (vgl. ebd.: 228). Diese Erkenntnis entspricht dem von Pries (1997) formulierten Konzept der *transnationalen sozialen Räume* (vgl. Kapitel 2.1.2).

Die engen Familienbindungen werden dabei sowohl von emotionalen als auch utilitaristischen Hilfeleistungen (re)produziert. Nauck (2000) kann in seiner Untersuchung zeigen, dass türkische Eltern im Vergleich zu Eltern deutscher, griechischer, italienischer und vietnamesischer Herkunft sowohl die höchsten psychologisch-emotionalen Werte von Kindern als auch die größte Zustimmung zu ökonomisch-utilitaristischen Werten von Kindern äußern (vgl. ebd.: 360ff). Im Gegensatz zu den untersuchten deutschen Familien, in denen die Generationenbeziehungen nahezu ausschließlich psychologisch-emotional organisiert sind, weisen Familienbeziehungen in türkischen Migrantenfamilien damit weniger Spezialisierung, dafür eine größere Multiplexität auf (ebd.: 364). Nauck und Kohlmann (1998) können darüber hinaus nachweisen, dass Erwartungen an intergenerationale instrumentelle Unterstützungsleistungen in türkischen Migrantenfamilien insbesondere von der Elterngeneration an die Kinder gerichtet und von diesen auch überwiegend erbracht werden (vgl. ebd. 230)[39]. Gerade die instrumentellen Erwartungen an intergenerationale Hilfeleistungen führen u.U. jedoch auch zu Belastungen der Familienbeziehungen. Pillemer und Moen (2000) weisen in diesem Zusammenhang darauf hin, dass eine erhöhte elterliche Abhängigkeit von den erwachsenen Kindern zu einer Abnahme positiver Gefühle zwischen den Generationen führt (vgl. ebd: 69). Allerdings basieren diese Erkenntnisse auf Studien der nordamerikanischen Familienforschung, die Befunde sind daher nicht ohne weiteres auf türkische Familien in Deutschland übertragbar.

Bezüglich der Aufgabenallokation in türkischen Migrantenfamilien kommen mehrere Untersuchungen relativ übereinstimmend zu Ergebnissen, die die Dominanz männlicher Entscheidungsmuster entgegen alltagsweltlicher Vorstellungen keineswegs als überwiegendes Phänomen in den meisten Entscheidungsbereichen identifizieren. Nachweisbar sind jedoch geschlechtsspezifische Differenzierungen:

Kohlmann (1998) zeigt, dass insbesondere „Einkaufen" und „Putzen" aus Frauen- und Männersicht überwiegend „Frauensache" ist, während Behördengänge als primär „männliche" Aufgabenbereiche betrachtet werden (vgl. ebd.: 288, s. auch BMFSFJ 2000: 93). Entscheidungen über größere Anschaffungen, über die Freizeitgestaltung, die Schulwahl der Kinder und

---

39 In den untersuchten deutschen Familien verlaufen die intergenerationalen Tauschbeziehungen in umgekehrter Richtung (vgl. ebd.).

berufliche Veränderungen werden in den untersuchten türkischen Familien überwiegend von beiden Ehepartnern getroffen (vgl. BMFSFJ 2000: 93)[40].

Damit ergibt sich für die internen Strukturen türkischer Migrantenfamilien ein differenziertes Bild: Kohlmann zeigt auf, dass türkische Migrantenfamilien überwiegend nach dem synkratisch-kooperativen Typ[41] (38,4 Prozent) organisiert sind. Weitere 27,6 Prozent typisiert sie als synkratisch-frauenzentriert[42] (27,6 Prozent) und knapp 20 Prozent der türkischen Familien sind nach Kohlmanns Typisierung patriarchalisch organisiert, d.h. die Entscheidungen werden überwiegend vom Ehemann getroffen. In dieser Typisierung bleiben die internen Differenzierungen (vgl. oben) unberücksichtigt.

Trotz zunehmend egalitärer Entscheidungs- und Aufgabenallokationen sollten diese Befunde nicht zu einer allzu optimistischen Einschätzung der innerfamilialen Geschlechterverhältnisse führen: Kohlmann (1998) stellt im Vergleich mit Migrantenfamilien[43] italienischer, griechischer und vietnamesischer Herkunft für die türkischen Familien die konservativste Geschlechtsrollenorientierung fest (vgl. ebd.: 286). Auch wird aus der Untersuchung nicht deutlich, in welchem Verhältnis Angehörige der ersten und zweiten Migrantengeneration in der türkischen Elternstichprobe vertreten sind[44]. Aufgrund erheblicher Altersstreuungen innerhalb der türkischen „Migranten"generationen ist es wahrscheinlich, dass in der Elternstichprobe sowohl Personen vertreten sind, die einen Großteil ihrer Sozialisation bereits in Deutschland verbracht haben bzw. hier geboren sind, als auch Personen, die ihre primäre Sozialisation in der Türkei erlebt haben. In diesem Kontext wäre auch die Heiratsmigration türkischer Elternteile zu berücksichtigen. Insofern können Kohlmanns Ergebnisse nicht ohne weiteres

---

40  Kohlmann (1998) differenziert in der Tabelle zur Aufgabenallokation in Migrantenfamilien (s.S. 288) nicht nach Nationalitäten. In der Tabelle im Sechsten Familienbericht (s.S. 93), die auf der selben Untersuchung basiert, ist hingegen keine Differenzierung nach Angaben von Ehefrau und Ehemann getroffen worden. Dies hat zur Konsequenz, dass hier keine Aussagen über die unterschiedlichen Einschätzungen von Frauen und Männern in der innerfamilialen Aufgabenverteilung in türkischen Migrantenfamilien getroffen werden können, was in diesem Zusammenhang doch von einigem Interesse wäre.

41  Entscheidungen und Aufgaben werden überwiegend von beiden Ehepartnern bewältigt (vgl. ebd.).

42  Entscheidungen werden gemeinsam getroffen, Aufgaben werden primär von der Frau erledigt (vgl. ebd.).

43  Untersucht wurden Familien ausländischer Herkunft, die mindestens ein Kind im Jugendalter haben (vgl. ebd.).

44  Auch hier liefert Kohlmann nur nationalitätsunspezifische Angaben zur Aufenthaltsdauer.

spezifisch für die Einschätzung von Familienverhältnissen der ersten bzw. zweiten Generation herangezogen werden.

Die im Rahmen der Studie von Herwartz-Emden und Westphal (2000) befragten Jugendlichen türkischer Herkunft geben entgegen dem alltagsweltlichen Bild türkischer Familien mehrheitlich eine offene und tolerante Beziehung zu ihren Eltern an, in denen das Konzept „elterliches Vertrauen" eine große Rolle spiele (vgl. ebd. 249ff). Herwartz-Emden/Westphal stellen darüber hinaus fest, dass sich geschlechtsspezifische Orientierungen insbesondere in Bezug auf die Bildungskarrieren der Kinder im Umbruch befinden (vgl. dazu die Auswertung der Familienbeziehungen, Kapitel 4.2). Allerdings spielen geschlechtsspezifische Erziehungsstile auch in den hier untersuchten Familien noch eine Rolle, vor allem Mädchen sind mit der inner- und außerfamilialen Bewältigung ihrer Geschlechtsrolle konfrontiert, die insbesondere innerhalb der Herkunftsfamilien relevant wird (vgl. ebd).

Offenbar haben Prozesse der zunehmenden Egalisierung von Geschlechterverhältnissen bezüglich der innerfamilialen Entscheidungsmuster sowie Liberalisierungen des Erziehungsstils bisher nur wenig Einfluss auf das dominante Familienmodell genommen. Das kulturelle Ideal der lebenslangen, monogamen Ehe und der damit verbundenen Sexualmoral, in der Sexualität nur durch die Ehe legitimiert werden kann, besitzt in den meisten türkischen Migrantenfamilien nach wie vor Gültigkeit. Atabay (1998) zeigt in seiner Untersuchung türkischer Migrantenfamilien der zweiten Generation, dass der überwiegende Teil junger Frauen und Männer sich in der Form des Zusammenlebens, teilweise auch in der Ausgestaltung der Paarbeziehung und der Kindererziehung an den Erwartungshaltungen der Eltern und des ethnischen Netzwerks orientiert. Die untersuchten Familien richten sich in formalen Aspekten (der Entscheidung zu heiraten) nach externen Erwartungshaltungen der Eltern, gestalten die Aufgabenallokation und Geschlechterbeziehungen innerhalb der Zweierbeziehung jedoch teilweise egalitärer. Aus Atabays Untersuchung wird deutlich, dass die jungen Frauen und Männer auch bei vorhandenen individualistischen Werthaltungen nahezu übereinstimmend die Normvorstellungen der Eltern an eine Heirat erfüllen (ebd. 1998: 151ff).

Für die vorliegende Untersuchung ist hier anzumerken, dass alle befragten Frauen (noch) nicht verheiratet sind. Das bedeutet, dass sie vor dem Hintergrund des Ehrkonzepts der Norm der Jungfräulichkeit unterstehen. Daher wird in der folgenden Analyse besonderes Augenmerk auf die Erwartungshaltungen der Eltern und die Bewältigungstrategien der Frauen gelegt. Im folgenden Kapitel soll es einerseits um die von den jungen Frauen beschriebenen Erwartungshaltungen ihrer Eltern, andererseits um die empfundene Beziehungsqualität der Tochter-Eltern-Relation gehen.

### 4.2.1 Tochter-Eltern-Beziehungen

Die Beziehungen der befragten jungen Frauen zu ihren Eltern sind bezüglich weiblicher Rollenerwartungen und Partnerwahlvorstellungen überwiegend durch Diskrepanzerfahrungen geprägt. Die Erwartungshaltungen der Eltern orientieren sich bezüglich der Sexualmoral und der Form der Zweierbeziehung primär am Ehrkonzept und einem sozial kontrollierten Status der Familie im ethnischen Netzwerk (zur Persistenz elterlicher Erziehungseinstellungen vgl. auch BMFSFJ 2000: 106). Für die Frauen der untersuchten Gruppe entsteht hier ein Konfliktfeld, dass sich zwischen den Lebensentwürfen des nichttürkischen sozialen Umfelds und den Erwartungshaltungen der Eltern aufspannt.

Die von den jungen Frauen in den Interviews geschilderten Erwartungshaltungen der Eltern weisen dabei mehrere durchgängige Übereinstimmungen auf: die Eltern erwarten bezüglich der Lebensform der Tochter ausnahmslos eine eheliche Zweierbeziehung und die Erfüllung der Norm der vorehelichen Jungfräulichkeit (bzw. im Handlungsmuster der Ablösung eine „nachträgliche" eheliche Legitimation der gelebten Sexualität). Die meisten Eltern wünschen sich zudem einen türkischen Schwiegersohn. Unterschiede gibt es allerdings offensichtlich hinsichtlich der Deutlichkeit der Formulierung der Erwartungshaltungen seitens der Eltern. Bei den meisten Frauen beziehen sich die in den Interviews beschriebenen Erwartungshaltungen primär auf elterliche Haltungen, die die Frauen aus ihren Sozialisationserfahrungen heraus antizipieren. Hier wird deutlich, dass zwischen Eltern und Töchtern meist keine Thematisierung oder Aushandlung bezüglich der erwarteten Lebensverlaufsmuster statt findet. Dies gilt insbesondere für die Frauen, die ihre Zweierbeziehungen gegenüber den Eltern verschweigen (Reyhan und Azime).

Im folgenden werden die Beziehungen der jungen Frauen zu ihren Müttern und Vätern entlang der typisierten Handlungsmuster rekonstruiert.

#### Tochter-Vater-Beziehungen

Für den dörflichen Kontext in der Türkei beschreibt Schiffauer (1983) die altersbezogenen Veränderungen im Vater-Tochter-Verhältnis folgendermaßen:

> „Symptomatisch läßt sich dies Mißtrauen am Wandel der Vater-Tochter-Beziehung im Laufe ihres Lebens studieren: Solange die Tochter klein ist, hat der Vater im allgemeinen ein zärtliches Verhältnis zu ihr, es verschlechtert sich, es wird formaler und kälter, je älter die Tochter wird und je mehr der Vater befürchten muß, daß sie ihm

Schande bringt (...) Das Verhältnis ändert sich erst nach der Hochzeit wieder, wenn die Verantwortung für die Ehre der Tochter auf den Schwiegersohn übergegangen ist." (ebd.: 75).

Dieses Phänomen ist aus dem dörflichen Kontext nicht unmittelbar auf Vater-Tochter-Beziehungen in türkischen Migrantenfamilien in Deutschland übertragbar, es weist jedoch auf einen grundlegenden Konflikt in der Tochter-Vater-Beziehung hin, der das intergenerative Verhältnis auch in vielen türkischen Migrantenfamilien zumindest noch latent beeinflusst (vgl. auch Cil 2000: 134f). Auch in den vorliegenden Interviews wird eindringlich deutlich, dass insbesondere im Handlungsmuster des Verschweigens und der Ablösung, also in Fällen, in denen die Tochter sich – offen oder verdeckt – den väterlichen Erwartungshaltungen widersetzt, die Beziehungsqualitäten in den Tochter-Vater-Beziehungen erheblich beeinträchtigt sind.

Auch in der Untersuchung von Nauck und Kohlmann (1998) geben lediglich 54,4 Prozent der Töchter (im Gegensatz zu 81,4 Prozent der Söhne) in ihren Netzwerkbeziehungen eine Tochter-Vater-Beziehung an[45], und das obwohl fast alle befragten weiblichen Jugendlichen türkischer Herkunft mit ihren Vätern im selben Haushalt leben und auch täglichen Kontakt haben (vgl. ebd.: 217). Aus dem Vergleich mit den Angaben der Söhne bezüglich ihrer Mutterbeziehungen (86,3 Prozent geben diese als Netzwerkbeziehung an) wird deutlich, dass es sich hier nicht um einen Effekt der gegengeschlechtlichen Kind-Eltern-Beziehung, sondern tatsächlich um ein Spezifikum der Tochter-Vater-Beziehung handelt. Interessant ist hier zudem, dass die Väter ihrerseits Beziehungen zu ihren Töchtern im allgemeinen seltener nennen als zu ihren Söhnen: 91,7 Prozent der Väter geben in ihren Netzwerkbeziehungen eine Vater-Sohn-Beziehung an, jedoch nur 62,9 Prozent eine Vater-Tochter-Beziehung[46].

**Gül (19) und Naile (22) – Handlungsmuster A** leben beide im elterlichen Haushalt, wo sie unmittelbare emotionale und materielle familiale Unterstützungsleistungen erleben, aber gleichzeitig auch – ausgeprägter als die anderen befragten Frauen – im Alltag mit elterlichen Erwartungshaltungen konfrontiert sind. Diese beziehen sich neben einer hohen elterlichen Bildungsaspiration insbesondere auf die Handlungsspielräume in der Freizeitgestaltung der jungen Frauen. Beide Frauen zeigen sich in ihren derzeitigen

---

45  Zur kritischen Einschätzung der Untersuchungsergebnisse vgl. Kapitel 4.2.2. im Kontext der Geschwisterbeziehungen.

46  Diese Tendenz korrespondiert allerdings tendenziell mit den Angaben der Mütter gegenüber den Mutter-Sohn-Beziehungen: fast alle Mütter (99 Prozent) geben eine Beziehung zu einer Tochter an, jedoch nur 73 Prozent eine Beziehung zu einem Sohn.

Verhaltensmustern gegenüber den Eltern erwartungskonform. In Güls Fall führte die Diskrepanz zwischen den Erwartungshaltungen der Eltern und ihren Vorstellungen allerdings zeitweise zu häufigen innerfamilialen Konflikten, während Naile sich auch aus einer inneren Haltung heraus eher an die Vorstellungen der Eltern anpasst. Auffallend ist in beiden Interviews, dass beschriebene rigide ehrbezogene Erziehungsvorstellungen des Vaters in ihrer Angemessenheit von den interviewten Frauen nicht in Frage gestellt oder kritisiert werden.

Gül und Naile sind in ihrer derzeitigen Lebenssituation insbesondere seitens ihrer Väter mit ausgeprägten, ehrgeleiteten Normvorstellungen und Einschränkungen ihrer Handlungsfreiheit konfrontiert. Zunächst zeigen sich jedoch deutliche Unterschiede in den Bewältigungsstrategien der beiden Frauen: Gül hat sich im Konflikt mit ihren Eltern Freiräume bezüglich des Ausgehens erschaffen.

> „also da wollt ich halt weg gehen und hab halt äh mit denen diskutiert, und am Anfang gab`s sehr große Probleme, ich hab wirklich Probleme gemacht halt einfach mal, ich meinte, ich mach das trotzdem, und irgendwann hab ich`s auch einfach gemacht." (Interview Gül 2054 - 2069).

Güls geschaffene Freiräume resultieren dabei nicht aus einem Aushandlungsprozess zwischen Tochter und Vater, an dessen Ende eine beiderseitig akzeptierte Kompromissfindung steht. Da der Vater offenbar nicht von seiner Position Abstand nehmen wollte (und konnte, vgl. Rolle des Vaters innerhalb des Ehrkonzepts), hat Gül den einzigen Weg gewählt, der ihr zur Realisierung ihrer Handlungsfreiheit offen stand: sie hat sich über seine Verbote hinweg gesetzt. Sie musste damit zunächst auch die Konsequenz anhaltender innerfamilialer Konflikte tragen. Mittlerweile allerdings befindet sich der zunächst rigide Erziehungsstil des Vaters stellenweise in Auflösung. Der Vater spricht zwar nach wie vor – wenn auch nur pro forma – Verbote aus, sanktioniert Güls Verstöße jedoch nicht. Er scheint gegenüber seiner Tochter resigniert zu haben, und Gül scheint die Inkonsequenz seiner erzieherischen Haltung inzwischen eher zu amüsieren.

> „Er versucht halt manchmal so, so zu, also da lach ich auch manchmal so, wenn ich weggehe, »ahmt Vater nach« ja, du weisst, nicht später als zehn, elf und dann fang ich immer an zu lachen, sage, ja natürlich, Papa. Und dann sehen wir uns irgendwann um zwölf oder eins oder so ((lacht)). Aber, im Endeffekt, er macht da eigentlich auch nichts, was Einschränkungen angeht." (Interview Gül 2143 - 2151).

Naile hingegen opponiert nicht konsequent gegen ihren Vater. Als sie ihn in einer Konfliktsituation auf ihre Volljährigkeit hinweist und der Vater ihr Argument zurückweist, steckt sie zurück und hält sich auch weiterhin an seine Verbote. In der Interviewsituation rechtfertigt sie sein Verhalten, obwohl sie die Grundlage seiner Verbote nicht wirklich versteht.

> „Ich musste, oder ich muss es immer noch, mit zweiundzwanzig immer um neun Uhr zu Hause sein. Das hat aber eigentlich nur irgendwie den Grund, weil mein Vater das einfach nicht mag, ich als Mädchen, also je älter ich wurde, desto weniger durfte ich plötzlich. Ich auch zu meinem Vater, so häh, wie, so irgendwann war ich achtzehn, und das hat ihn dann auch total aufgeregt, als ich ihm gesagt habe so, ich bin achtzehn, du hast mir, du darfst nichts mehr über mich sagen, so nach dem Sinne so, äh, das, da war er richtig baff. Naja. Er hat einfach nur so Angst so, weiss ich nicht, die, deine Freundinnen haben vielleicht `n Bruder, oder der Vater, weil man hört sich halt immer, also man hört halt immer vieles (...). Hat halt immer paar Mal erlaubt und irgendwann hieß es dann auch immer so, du darfst nicht mehr, ich so häh, warum denn nicht." (Interview Naile 1389 - 1427).

Naile setzt sich bezüglich der Verhaltensnormen, mit denen sie in ihrer Rolle als unverheiratete junge Frau türkischer Herkunft konfrontiert ist, nicht mit den Handlungsoptionen von Gleichaltrigen der Aufnahmegesellschaft in Beziehung (vgl. auch Nailes soziales Netzwerk, Kapitel 4.1). Sie erlebt ihre derzeitige Lebenssituation vor dem Hintergrund der Norm- und Wertvorstellungen des ethnischen Netzwerks als „normal".

> „Also bei uns ist es so, also zumindest bei den meisten türkischen Familien, oder bei den muslimischen Familien, dass das Mädchen erst nur dann ausziehen darf, wenn es verheiratet ist." (Interview Naile 68 - 72).

Nailes Äußerungen lassen insgesamt eine auffallende Vateridentifikation erkennen. Sie akzeptiert nicht nur relativ vorbehaltlos die vom Vater gesetzten Verhaltensnormen, sondern übernimmt in ihren Äußerungen im Interview auch häufig seine Deutungen. Die Perspektiven des Vaters sind Nailes Darstellung zufolge eng mit seiner Migrationserfahrung verknüpft (vgl. Kapitel 2.2.2).

> „Äh, ich bin ja so erzogen worden, dass mein Vater ja schon seit seinem zehnten Lebensjahr hier ist. Deshalb kennt er eigentlich auch vieles, er hat auch vieles erlebt, er hat auch viel Scheisse gemacht ((lacht)) sag ich mal jetzt, früher, und so, in jungen Jahren, und mein Vater weiss vieles, er weiss wirklich von allem irgendwie Bescheid, auch wenn `s immer nur bisschen ist, oder wenn

er das immer nur, so, so, weiß ich nicht, schrittweise,
oder sich das vorstellen kann, weiss er irgendwie schon
von allem irgendwie Bescheid." (Interview Naile 141 -
151).

Naile überlässt es ihrem Vater, eine Weltsicht zu entwickeln, die sie dann
ohne eigene Reflexion übernimmt. Sie äußert kein Bedürfnis, ihre Deutungen aufgrund eigener Erfahrungen zu entwickeln.

Gül berichtet von hohen Bildungserwartungen ihrer Eltern, die häufig zu
innerfamilialen Konflikten führen, weil sie sich überfordert fühlt. Im Gegensatz zu Nailes Fall (vgl. unten) scheint hier primär der Vater die hohe
Bildungserwartung durchsetzen zu wollen, die neben dem gewünschten
Bildungsaufstieg der Tochter gegenüber den Eltern („damit sie nicht
das Erlebnis haben was die Eltern haben, und nicht Arbeiter
werden und all sowas", Interview Gül 943 - 945) offenbar noch
eine weitere Funktion erfüllt:

> „`n Freund haben, das ist bei denen nicht so äh (3), al-
> so, das mögen die überhaupt nicht. Und halt bei mir jetzt
> äh, was heisst die mögen, also die würden `s mir nicht
> verbieten, aber die würden skeptisch gucken weil ich ja
> zur Zeit mein Abitur mache. Und die sind halt auch so,
> natürlich Schule erpicht halt, und dann so, »ahmt Eltern
> nach« naja, und wenn man sich verliebt, dann ist das ja
> so, dass man die Schule total vernachlässigt" (Interview
> Gül 2013 - 2022).

Gül antizipiert keine offenen oder rigiden elterlichen Sanktionen für den
Fall, dass sie einen Freund hat. Die Eltern machen jedoch mit dem Hinweis
auf ihren Schulabschluss deutlich, dass sie es für richtig halten, wenn Gül
derzeit keine Zweierbeziehung hat. Da aus Sicht der Eltern eine Zweierbeziehung einer ehelichen Legitimation bedarf, verzichtet Gül momentan
auch ihrerseits auf einen Freund, denn eine Heirat ist in ihrem aktuellen
Lebensentwurf nicht vorgesehen.

Die Frauen nutzen die hohe Bildungsaspiration der Eltern offensichtlich
nicht selten auch zur Legitimation ihrer eigenen Interessen. Aus einem
Fallbeispiel in Atabays Untersuchung (1998) wird deutlich, dass verlängerte Ausbildungszeiten für junge Frauen türkischer Herkunft eine plau-
sible Rechtfertigung bieten, gegenüber den Eltern zu legitimieren, auch mit
Mitte oder Ende zwanzig „noch nicht" verheiratet zu sein (ebd.: 153ff).
Auch Gül sieht sich mit impliziten Heiratswünschen ihrer Eltern konfrontiert und verweist in diesem Zusammenhang ihrerseits auf ihre noch andau-
ernde Ausbildung. Sie vermeidet damit sowohl den Konflikt mit den Eltern
um das gewünschte Modell der Zweierbeziehung als auch eine Heirat

selbst, die sie sich in ihren derzeitigen Lebensentwürfen nicht vorstellen kann.

```
„Aber meine Mutter ähm hat mich oft äh in den letzten
zwei Jahren hat sie mich ganz schön oft veräppelt, weil
ich keinen Freund hab oder so, und sie immer so »ahmt
Mutter nach«  ja, und, und, du hast ja keinen Freund,
und, und alle anderen jungen Mädchen haben ja einen, und
hier und da, und sie so, ja, ach du lass dir mal noch
Zeit, und ich so, Mann, Mama, lass mich doch mal in Ruhe,
wenn ich mich auf mein Abitur, und wenn ich das zu Ende
mache, und dieses Argument wirkt immer so schön, dann
sind die immer ruhig." (Interview Gül 2349 - 2361).
```

Die widersprüchlichen Erwartungshaltungen, die hier von der Mutter geäußert werden, verweisen auf einen zentralen Konflikt, der sich aus der Diskrepanz der elterlichen Erwartungshaltungen an eine Heirat der Tochter und den zeitlich „entzerrten" und pluralisierten Lebensverläufen urbanisierter Lebensverhältnisse ergibt und der in ähnlicher Weise für die Tochter-Eltern-Beziehungen aller befragten Frauen charakteristisch ist. Einerseits soll Gül ihrem Alter entsprechend einen Freund haben, andererseits ist dies nur unter der Voraussetzung einer baldigen ehelichen Legitimation möglich, die auch die Mutter für die neunzehnjährige Gül offenbar für zu früh erachtet[47]. Daher soll Gül sich mit einer Zweierbeziehung lieber noch Zeit lassen. Hier werden zugleich die widersprüchlichen Anforderungen an die elterlichen Erziehungshaltungen deutlich.

**Reyhan (23) und Azime (24) – Handlungsmuster B** leben nicht mehr im elterlichen Haushalt und sind damit in ihrem Alltagshandeln nicht mehr in direkter Weise mit elterlichen Erwartungshaltungen konfrontiert. Dennoch beziehen sich beide Frauen in ihren Handlungsmustern in auffallender Weise auf die ehrbezogenen Erwartungshaltungen des Vaters. Beide Frauen leben mit einem Geschwisterteil (mit Bruder oder Schwester) zusammen (vgl. dazu Kapitel 4.2.2) und verschweigen ihrem Vater ihre Zweierbeziehungen. Da es zwischen Vater und Tochter zu keiner Thematisierung von Paarbeziehung und Sexualität kommt, wird deutlich, dass die im Interview implizit oder explizit thematisierten Erwartungshaltungen des Vaters (voreheliche Virginität, türkischer Ehemann) nicht von den Vätern direkt artikuliert, sondern von den Frauen aus ihren Sozialisationserfahrungen heraus antizipiert werden. Beide Frauen beschreiben einen rigiden autoritären väterlichen Erziehungsstil.

```
„So Sachen wie, dass, dass ich zu Hause bin wenn`s dunkel
wird ((lacht)). Was ja im Winter sehr früh sein kann,
und, was auch einfach affig ist, wenn, wenn man`n sieb-
```

---

47  Ob der Vater derselben Ansicht ist, wird im Interview leider nicht deutlich.

zehnjähriges Mädchen hat, das in Berlin groß geworden
ist, dann kannste der im Winter nicht sagen, dass sie um
siebzehn Uhr zu Hause sein muss. Ja, und so typische Sachen wie, dass keine Jungs bei mir angerufen haben weil
sie sich nicht getraut haben." (Interview Reyhan 105 -
114).

Auffallend ist, dass der Vater hier eine Aushandlung über Handlungsfrei-
heiten kategorisch verweigert. Er lehnt Reyhans Angebot einer diskursiven
Aushandlung und insbesondere eine Begründung seiner Regelsetzungen ab.
Er macht zudem deutlich, dass er auch körperliche Gewalt als Mittel der
Konfliktbewältigung nicht ausschliesst.

„Weil, er [der türkische Pflegevater] hat mir ganz klar
gesagt, so ich hab gesagt, ok, nenn mir ein paar Argumen-
te, weshalb darf ich jetzt nicht zu meiner besten Freundin, bei ihr schlafen, weshalb nicht, so. (3) Er hat gesagt, weil ich das sage, so. Wenn ich das sage, dann ist
es so, dann müssen wir nicht drüber diskutieren(...) und
er hat gesagt, ich möchte jetzt nichts mehr hören, aber
halt nicht so ruhig, stand dann auch irgendwann zitternd
vor mir und meinte »ahmt ihn nach« , Reyhan, Du bringst
mich zur Weißglut, sei endlich ruhig! So, und, ich hab
noch nie, das ist mir im Gedächtnis geblieben, ja, einmal, als er zu mir meinte, ich hab noch nie daran gedacht
`ne Frau zu schlagen, aber es ist echt das erste Mal dass
ich mich am Riemen reissen muss." (Interview Reyhan 437 -
457).

Azime beschreibt die väterlichen Erwartungshaltungen an ihre Form der
Zweierbeziehung, die sich auf eine innerethnische Heirat, möglichst innerhalb des familialen Netzwerks in der Türkei beziehen.

„Äh, ich glaube, auf jeden Fall Türke, hätte er gerne.
Also am liebsten auch noch irgendwie, also das war früher
immer so, ich weiss nicht, das war dann, dass mir dann
gesagt wurde: Ja, am liebsten einer aus'm Dorf und so,
das wär voll toll, oder irgendwie einen meiner Cousins o-
der so." (Interview Azime 234 - 240).

Azime antizipiert aus ihren Sozialisationserfahrungen, dass die strikten väterlichen Erwartungshaltungen nicht verhandelbar sind. Ob das auch heute
noch so wäre, kann sie nicht einschätzen, denn sie verschweigt ihre Zweierbeziehung, weil sie den Bruch mit dem Vater fürchtet.

„Also, ich kann meinen Vater auch überhaupt nicht einschätzen, aber ((kichert)) ich weiss nicht, keine Ahnung,
ich lasse es nicht darauf ankommen, also ich will nicht,
dass er sich Sorgen macht, er könnte jetzt auch nicht in
mein Leben eingreifen oder so, aber schon so der Gedanke,

> er ist dort, in der Türkei, und ich bin hier, und er
> macht sich jetzt voll Gedanken, weil ich ihm erzählt hab,
> ja, ich hab `nen Freund, und der ist auch noch Grieche,
> also er könnte jetzt nichts damit anfangen.` (Interview
> Azime 216 - 228).

Der Vater meidet seinerseits die Thematisierung möglicher Zweierbeziehungen Azimes, er beschränkt sich in seinen geäußerten Erwartungshaltungen auf seine Bildungsaspiration.

> „Also, das Einzige, was er immer sagt, er kommt mir nie
> an mit Jungs oder so, er sagt immer, mach deine Uni, und
> sonst wird aus dir nix, mach deinen Führerschein, sonst
> wird aus dir auch nix.` (Interview Azime 1561 - 1565).

Diese Passage weist Parallelen zur Funktion der geäußerten Bildungserwartung von Güls Vater auf (vgl. oben), der seine Bildungsaspiration bevorzugt dann anführt, wenn es um Güls Handlungsfreiheiten geht. Offenbar handelt es sich auch hier neben der Sorge um Azimes Zukunft auch um einen verklausulierten Hinweis auf die vom Vater erwartete voreheliche „Prioritätensetzung".

Die Väter sind in diesem Handlungsmuster von einem wesentlichen Lebensbereich ihrer Töchter ausgeschlossen. Beide Frauen beschreiben die Beziehungsqualität der Tochter-Vater-Beziehung als distanziert.

> „Äh, ja, mein Vater ist auch irgendwie 'n bisschen kom-
> pliziert, aber ich versuch mich, also ich versuch mich zu
> bemühen, also wenn er in Berlin ist, und, irgendwie, also
> da kann sich jetzt keine supertolle Nähe aufbauen, aber
> ähm, also ich versuch das jetzt mal aus dem Erwachsenen-
> blickwinkel, irgendwie so, irgendwie ein bisschen eine
> schöne Zeit mit ihm zu verbringen, ja." (Interview Azime
> 249 - 257).

Auch Reyhan berichtet im Interview von der gegenseitigen Sprachlosigkeit zwischen ihr und ihren Pflegeeltern[48].

> „Die wissen noch heute nichts ((lacht)). Wir haben noch
> äh Kontakt, wegen meiner kleinen Schwester, (...) und die
> wissen noch heute nicht, dass ich`n Freund hab, die wis-
> sen noch heute nicht, dass ich rauche." (Interview Reyhan
> 368 - 378).

Beide Frauen wollen nicht auf eine selbstbestimmte Lebensform und eine Zweierbeziehung verzichten. Sie setzen implizit voraus, dass sie nur durch das Verschweigen ihrer Zweierbeziehungen (und damit ihrer Sexualität)

---

48  vgl. Reyhans Kurzbiografie (s. Kapitel 4)

die Beziehung zu ihrem Vater aufrecht erhalten können, und vor dem Hintergrund der erlebten väterlichen Erziehungsstile erscheint diese Einschätzung nachvollziehbar. Auch Cil (2000) weist in diesem Zusammenhang auf das Handlungsmuster der „Konfrontationsvermeidung" türkischer Töchter hin. Die Erwartungshaltungen der Väter (und Mütter) beziehen sich oft auf einen hohen Bildungsabschluss der Töchter, die ihrerseits die Phase der Ausbildung nutzen können, in einer anderen Stadt und von der Familie toleriert (oder besser: ignoriert) ihre Handlungsfreiheiten zu leben (vgl. ebd.: 134f). Sie haben sich damit bisher allerdings nicht von den Erwartungshaltungen ihrer Väter lösen können und es bleibt abzuwarten, inwiefern sich die Handlungsmuster der jungen Frauen im weiteren Lebensverlauf verändern werden oder ob dieses Handlungsmuster auch über einen längeren Zeitraum stabil bleibt. Wahrscheinlicher erscheint die Variante, dass im Rahmen einer derzeitigen oder zukünftigen Zweierbeziehung eine Modifikation in Richtung Anpassung (Heirat) oder Ablösung (pluralisierte Lebensform) stattfinden wird (vgl. auch Kapitel 4.3). Cil (2000) lokalisiert den Wendepunkt im Handlungsmuster bei der Erreichung des gewünschten Bildungsgrades (vgl. ebd.: 135). Dies erscheint insofern plausibel, als dass mit der Beendigung der Ausbildung für die Töchter gleichzeitig die Legitimation ihrer Distanz zur Familie und des nichtehelichen Lebensstils beendet ist.

**Mehtap (28) und Filz (30) – Handlungsmuster C** beschreiben in ähnlicher Weise eine Vaterbeziehung wie Reyhan und Azime, die während ihrer Kindheit bzw. Adoleszenz durch weit gehend rigide väterliche Vorstellungen geprägt war. Beide Frauen berichten in diesem Zusammenhang auch von innerfamilialen Gewalterfahrungen.

> „früher hatte, als Kind hatte ich ANGST, so, weil er hat ja dann, »ahmt Vater nach« , wenn ihr das nicht macht, hat er dann auch mal äh hier mit Schlägen gedroht oder auch mal äh praktiziert" (Interview Filiz 458 - 462).

> „Jaja. Mißhandlungen. Alkohol, Mißhandlungen, Spielsucht ((lacht)). Das Übliche." (Interview Mehtap 546- 547).

Es ist hier nicht eindeutig zu klären, inwiefern die Gewalterfahrungen die Ablösung der jungen Frauen begünstigt haben. Möglicherweise ermöglicht auch erst eine weit gehende Ablösung von den elterlichen Vorstellungen die Thematisierung von Gewalterfahrungen im Interview, unter Umständen sind auch andere befragte Frauen mit körperlicher Gewalt ihrer Väter konfrontiert oder konfrontiert gewesen, sprechen dies aber in der Interviewsituation nicht an[49].

Der Unterschied zu den Vaterbeziehungen im Handlungsmuster der Anpassung besteht hier im Verlust der Vaterbeziehung. Mehtap hat seit mehreren Jahren keinen Kontakt mehr zu ihrem Vater, der nach der Scheidung ihrer Eltern wieder in die Türkei zurück gekehrt ist (vgl. Interview Mehtap 197ff). Filiz erwartet von ihrem Vater eine durch emotionale Anteilnahme geprägte Vaterrolle, die dieser nicht erfüllt.

> „ich sag ihm dann immer noch, er als Vater hat so seine Rolle nicht ganz begriffen, äh, (1) seine Vaterrolle, er ist dann mehr so der Zeuger und dann mal paar Verbote und so´n paar äh Regeln geben, aber alles andere hat da nicht gestimmt, die Nähe und so"(Interview Filiz 429 - 434).

Die zunehmende Religiosität des Vaters trägt zudem dazu bei, dass Filiz keine gemeinsame Interaktionsgrundlage mit ihm finden kann.

> „weil er [der Vater] ist seit, hmm, lass mich überlegen (4), fünfzehn Jahre, seit fünfzehn Jahren ist er extrem religiös. Und das wird immer schlimmer, also (...) aber seit fünfzehn Jahren, heute wenn du ihn fragst, wie geht es dir, sagt er dann, na, was hast du heute für Gott getan, also, man redet dann ((lacht))auf verschiedenen Ebenen ja, und ähm, das wird halt immer schlimmer." (Interview Filiz 483 - 505).

Auch hier ist das Verhältnis von Ursache und Wirkung in der Ablösung und Beziehungsqualität nicht eindeutig. Möglicherweise konnten die Frauen sich nur aufgrund einer bereits erheblich gestörten Vater-Tochter-Beziehung überhaupt von den väterlichen Normvorstellungen lösen. Die Ablösung hat jedoch offensichtlich ihrerseits nicht zu einer Verbesserung der Beziehungsqualität beigetragen.

Im Handlungsmuster der Anpassung ist das Vater-Tochter-Verhältnis im negativen Sinne von Regelsetzungen geprägt. Die Beziehung gestaltet sich im Falle der Akzeptanz der Tochter (vgl. Naile) relativ eng und überwiegend harmonisch, bei Gül, die die Einschränkung ihrer Handlungsfreiheit nicht zwangsläufig akzeptiert, wandelt sich der väterliche Erziehungsstil von Autorität zum Gewähren-Lassen.

Im Handlungsmuster des Verschweigens wird die Beziehung aufrecht erhalten, allerdings um den Preis eines reziproken Thematisierungstabus der

---

49  Im Interview wurden innerfamiliale Gewalterfahrungen nicht explizit erfragt (vgl. Interviewleitfaden, s. Anhang).

Zweierbeziehungen der Tochter, das wiederum die Beziehungsqualität be-einträchtigt, denn damit bleibt dem Vater ein wesentlicher Bereich der Lebenssituationen der Tochter verschlossen.

Im Handlungsmuster der Ablösung ist praktisch keine Vater-Tochter-Beziehung vorhanden. Hier gilt es darauf hinzuweisen, dass in beiden Fällen (Mehtap und Filiz) die Beziehung schon vor der Ablösung der Tochter erheblich beeinträchtigt war. Daher erscheint hier die Interpretation nahe liegend, dass eine Ablösung von rigiden Ehrvorstellungen tendenziell dann erfolgt oder erfolgen kann, wenn die Vater-Tochter-Beziehung auch für die Tochter keinen besonderen Stellenwert einnimmt.

*Tochter-Mutter-Beziehungen*

Die Mutter-Tochter-Beziehung wird in der Literatur häufig als ambivalenter Prozess der gegenseitigen Identifikation und Abgrenzung beschrieben, der insbesondere durch die Gleichheit in der Geschlechterrolle bestimmt ist (vgl. u.a. Rosen 1993: 10). Die Beziehung zwischen Mutter und Tochter setzt sich im Lebensverlauf auch durch die (Re)aktualisierung ihrer jeweilgen Rollen fort, die Mutter ist zugleich Tochter und die Tochter setzt sich insbesondere dann neu und wieder in Beziehung zur Mutter, wenn sie selbst Mutter wird (vgl. Pillemer/Moen 2000: 70). Wünsche und Erfahrungen werden so wechselseitig im Licht der jeweils anderen Lebensgeschichte betrachtet. In verschiedenen Studien wird die Affektivität der Tochter-Mutter-Beziehung gegenüber den anderen dyadischen Eltern-Kind-Beziehungen im Erwachsenenalter als die intensivste bezeichnet (vgl. Pillemer/Moen 2000: 69).

Für die türkische Gesellschaft gilt die Idealisierung der Mutter als Charakteristikum der Familienbeziehungen (vgl. Rosen 1993: 53ff, Atabay 1998: 132). Die Idealisierung steht dabei offenbar mit einem gesellschaftlichen Frauenbild in Verbindung, in dem Mutterschaft als „höchste Stufe der Weiblichkeit" betrachtet wird und die Anerkennung und Wertschätzung der Frau über die Mutterschaft, und damit letztlich über ihre Beziehung zu einem Mann definiert ist (vgl. Rosen 1993: 11). In der türkischen Gesellschaft kommt der Mutter traditional eine zentrale Rolle zu, und deren Idealisierung manifestiert sich offenbar primär in den Augen der Männer: der Söhne und Väter[50].

---

50  Böhnisch (1994) zeigt in seiner sehr lesenswerten Analyse der männlichen Sozialisation Hintergründe für Verknüpfungen zwischen der Mutterbeziehung und der Abwertung des Weiblichen auf.

Hier ist jedoch die Tochter-Mutter-Beziehung von Bedeutung. Inwiefern orientieren sich die befragten Frauen an Rollenmodellen ihrer Mütter oder grenzen sich von ihnen ab, wie positionieren die Mütter sich zu den Lebensentwürfen der Töchter?

In der Untersuchung von Nauck/Kohlmann (1998) geben 86,0 Prozent der befragten Töchter türkischer Herkunft die Beziehung zur Mutter als Netzwerkbeziehung an, dies sind deutlich mehr, als der Anteil der Töchter, die eine Beziehung zum Vater angeben (vgl. Kapitel Vaterbeziehungen). In Netzwerken weiblicher Jugendlicher türkischer Herkunft spielt die Mutter also offensichtlich eine zentrale Rolle – wie erleben die befragten Frauen die Qualität und die Funktion der Tochter-Mutter-Beziehung?

**Gül (19) und Naile (22) – Handlungsmuster A** sind insbesondere mit Bindungsstrategien ihrer Mütter konfrontiert, die entscheidend dazu beitragen, dass die Töchter sich erwartungskonform verhalten. Naile ist durch ihre Mutter auch an den elterlichen Haushalt gebunden, denn die Mutter spricht kein Deutsch und möchte, dass Naile für sie in Alltagssituationen übersetzt.

```
„Ja, und Deutsch kann sie eigentlich sehr, sehr wenig,
weil ich jetzt, nach `nem Jahr kam ich auf die Welt und
da war sie erstmal mit mir `ne Zeitlang beschäftigt,
(...) ja und später, als ich dann sozusagen etwas älter
wurde, hatte sie dann keinen Bock mehr, so, irgendwie
Deutsch zu lernen, da hat sie sich gedacht, da hab ich
`ne Tochter, die übersetzt mir ja alles ((lacht)), da
wurde sie faul, ja und nach siebzehn Jahren kam dann halt
mein Bruder auf die Welt, und dann hatte sie erst recht
keine Lust mehr Deutsch zu lernen, jetzt hat sie erst mal
mit ihm zu tun (4), ja, und so geht das jetzt die ganze
Zeit ab. Wenn jetzt irgendwie mein Bruder krank wird, wir
zu Ärzten müssen, dann darf immer Naile mit rennen, immer
Naile komm mit, Naile übersetz, und, das nervt natürlich
auch."(Interview Naile 609 - 634).
```

Einerseits rechtfertigt Naile die fehlende Sprachkompetenz der Mutter, andererseits fühlt sie sich von ihren Erwartungshaltungen im Alltag überfordert und entwirft in der Interviewsituation ein eher negativ geprägtes Mutterbild. Aus der zitierten Textstelle wird zudem deutlich, dass die Mutter ihre sprachliche Hilflosigkeit offenbar auch als Handlungstrategie nutzt, um ihre Tochter an sich zu binden. Nauck (2000) zeigt in seiner Untersuchung, dass intergenerative Erwartungshaltungen in (türkischen) Migrantenfamilien geschlechtsspezifisch differenziert sind: insbesondere Mütter richten ausgeprägte Erwartungshaltungen an ihre Töchter, die sich - auch bei erwachsenen Töchtern - auf unmittelbare persönliche Hilfeleistungen beziehen (vgl. Nauck 2000: 368ff, s. auch Nauck/Kohlmann 1998: 230). In der Untersuchung haben die Kinder die ökonomisch-utilitaristischen Erwartungshaltungen der Eltern in hohem Maße antizipiert und internalisiert (ebd. 2000: 369f)[51]. Auch Naile kann sich von den Erwartungshaltungen der Mutter nicht lösen, sie äußert zwar, dass sie sich überfordert fühlt, sie verhält sich jedoch erwartungskonform, indem sie ihre Mutter im Alltag unterstützt.

Naile berichtet im Interview zudem von hohen Bildungserwartungen ihrer Mutter, denen sie nicht gerecht werden kann.

> „und dann hab ich äh `ne Realempfehlung bekommen, meine Eltern zu DEM Zeitpunkt natürlich immer so, ja, komm, mach mal Gymmi, geh auf`n Gymnasium, weil dann sagt man halt natürlich immer so, »ahmt stolzen Tonfall der Eltern nach« ja unsere Tochter geht halt auf`n Gymnasium und dann sind die Eltern natürlich schon bisschen so hm, so die freuen sich natürlich darüber, halt den Bekannten zu sagen, so ja, unsere Tochter geht auf `n Gymnasium. Also da war eher eigentlich so `n bisschen Druck von meiner Mutter." (Interview Naile 377 - 388).

Es zeigt sich, dass die Erwartungen der Mutter insbesondere an dem sozialen Status der Familie im ethnischen Netzwerk orientiert sind. Sie überträgt diese Verantwortung auf Naile und übersieht dabei die tatsächlichen schulischen Leistungen ihrer Tochter, die eine Überforderung nahe legen. Die oftmals überhöhten Bildungsaspirationen türkischer Eltern, die an Kinder beiderlei Geschlechts gerichtet werden, finden auch in der Forschungsliteratur häufig Erwähnung (vgl. BMFSFJ 2000: 109). Die Bevorzugung schulischer und universitärer Bildungsabschlüsse unter türkischen Eltern wird hier oft mit der Unbekanntheit des dualen Ausbildungssystems in der Herkunftsgesellschaft erklärt (vgl. BMFSFJ 2000: 109).

Die hohe Bildungsaspiration korrespondiert zudem mit den ebenfalls hohen elterlichen Erwartungen an utilitaristische Unterstützungsleistungen seitens der erwachsenen Söhne und Töchter (vgl. u.a. Nauck/Kohlmann 1998: 230). In den hier beschriebenen Fällen spielt zudem der Status der Familie im ethnischen Netzwerk und die Legitimation der Normvorstellung des e-helichen Sexualmonopols seitens der Eltern eine zentrale Rolle. Aus der geschlechtsunabhängigen Bildungsaspiration türkischer Eltern kann unter dieser Perspektive nicht zwangsläufig auf eine Egalisierung der innerfamilialen Geschlechterverhältnisse geschlossen werden.

---

51 Nauck (2000) kann zudem nachweisen, dass die hohen intergenerativen Transmissionen von Situationswahrnehmungen, Einstellungen und Handlungspräferenzen von der Eltern- zur Kindergeneration in den türkischen Migrantenfamilien auf einen Migrationseffekt zurückzuführen sind: die Übereinstimmungen sind signifikant höher als in nicht gewanderten türkischen Familien (vgl. ebd.: 372ff).

Im Interview mit Naile ist keine eigenständige, von der des Vaters abweichende Position der Mutter in den Erziehungshaltungen sichtbar. Der Vater setzt die Verbote, eine Unterstützungshaltung der Mutter ist nicht zu erkennen, zumal Naile auch offenbar nicht nach „Unterstützung" verlangt. Sie hat die Verhaltensnormen, mit denen sie innerhalb ihrer Herkunftsfamilie konfrontiert ist, weit gehend akzeptiert und internalisiert.

Auch Gül orientiert sich in ihrer aktuellen Lebenssituation wieder verstärkt an elterlichen Normvorstellungen. Hier spielt ebenfalls die Beziehung zu ihrer Mutter eine entscheidende Rolle: Güls Mutter ist schwer erkrankt und Gül fühlt sich für den weiteren Verlauf der Krankheit verantwortlich.

> „weil meine Mutter macht sich einfach große Sorgen, und sie hat jetzt halt äh kurz vor Silvester auch `n Schlaganfall gehabt, und alles mögliche, und seitdem halt äh, versuch ich halt umso mehr Rücksicht drauf zu nehmen" (Interview Gül 2085 - 2090).

Die Krankheit der Mutter führte zu einer Veränderung von Güls Handlungsstrategien gegenüber ihren Eltern: Vor der Erkrankung der Mutter setzte sie ihre Vorstellungen bezüglich ihrer Handlungsfreiheit außerhalb der elterlichen Wohnung in offenen Konflikten durch und konnte sich dadurch zusätzliche Freiräume schaffen. Derzeit stellt sie ihre Wünsche aus Angst vor dem Tod der Mutter zurück und verzichtet sogar freiwillig auf bereits geschaffene Freiräume.

> „worauf ich noch selber versuche Rücksicht zu nehmen, ist halt nicht äh vielleicht JEDES Wochenende in die Disco gehen, oder nicht jedes Wochenende um drei Uhr morgens nach Hause kommen, sondern halt sich versuchen, zwischen zwölf und eins immer zu begrenzen" (Interview Gül 2079 - 2084).

Gül erfährt in Bezug auf die ehrgeleiteten Normvorstellungen des Vaters wenig Unterstützung von ihrer Mutter. Es wird deutlich, dass die Mutter primär eine familiale Vermittlerposition einnimmt und nicht eindeutig für Gül Position bezieht.

> „das Einzige was mein Papa nicht mag ist äh, wenn ich mich zu freizügig anziehe. Aber das hat halt mehr was mit seiner Erziehung zu tun, weil meine Mutter kommt aus `ner modernen Stadt und ihr macht`s EIGENTLICH nichts aus, aber sie versucht `s halt noch zu schlichten, weil mein Papa halt, damit er sich nicht aufregt" (Interview Gül 222 - 229).

Die Lebensverläufe von **Reyhan (23) und Azime (24)** – **Handlungsmuster B** weisen bezüglich ihrer Mutterbeziehungen eine wesentliche Gemeinsamkeit auf: beide Mütter sind bereits verstorben. Als Reyhan elf Jahre alt war, verstarb ihre Mutter an Krebs, und Reyhan wuchs dann bis zu ihrem Abitur bei einer befreundeten Familie der Mutter auf (vgl. Kurzbiografie). Reyhan beschreibt ihre leibliche Mutter im Interview als eine selbständige Frau und weist auf ihre Herkunft aus dem Bildungsmilieu hin. Sie betont auch die liberalen Erziehungsvorstellungen ihrer leiblichen Mutter.

> „meine Mutter war auch, kam aus `ner Akademikerfamilie
> und hatte irgendwie überhaupt nichts mit Religion zu tun,
> und deshalb sind wir nicht besonders türkisch groß gewor-
> den." (Interview Reyhan 86 - 89).

Im Haushalt der Pflegeeltern war Reyhan nach dem Tod der Mutter mit rigiden Erziehungsvorstellungen des türkischen Pflegevaters konfrontiert. Seine deutsche Frau, Reyhans Pflegemutter, bot Reyhan keinen Rückhalt oder Unterstützung gegenüber den Erziehungshaltungen ihres Mannes.

> „Hm. (2) Die ist alles in allem ziemlich devot, also. E-,
> er ist sehr cholerisch, er ist extrem cholerisch und wenn
> er anfängt zu brüllen, dann sind bei uns die Tränen ge-
> flossen, von drei Frauen ((lacht)), von uns dreien, und,
> überhaupt kein gewalttätiger Mensch oder so aber er hat
> sich selbst schlecht unter Kontrolle, was Brüllen angeht
> und sowas und deshalb sie hat auch sehr (wenig) den Mund
> aufgemacht, und was gesagt, war immer selbstverständlich,
> das was er sagt, das gilt." (Interview Reyhan 426 - 436).

Auch Azimes Mutter verstarb vor vier Jahren an Krebs, zu einem Zeitpunkt, als Azime bereits nicht mehr im elterlichen Haushalt lebte. Azime erzählt im Interview wenig über ihre Mutter, auch sie thematisiert insbesondere keine von der Position des Vaters abweichende Erziehungshaltung. Allerdings erfuhr sie von ihrer Mutter Unterstützung, als sie bei einem Türkeiurlaub im Herkunftsdorf des Vaters mit Stigmatisierungen seitens einiger Dorfbewohner konfrontiert war, weil mehrere junge Männer ihr gegenüber Heiratswünsche äußerten, die sie ablehnte (vgl. Kapitel 4.3).

> „Dann gab's RIESENstreit, echt, meine Mutter hat, hat
> mitgekriegt, wie ich halt fertig war und geheult hab, und
> dann hat sie erstmal das ganze Dorf zusammengeschrien
> (Interview Azime 1459 - 1462)."

Beide Frauen haben jedoch in ihren aktuellen Lebenssituationen keine Mutter oder Mutterfigur, an der sie sich in ihrer Lebensplanung identifikatorisch oder abgrenzend orientieren könnten. Auch fehlen beiden Frauen konkrete Unterstützungsleistungen der Mütter, die sich u.U. auch auf eine

Relativierung des Handlungsmusters auswirken könnten und die die Anteilnahme zumindest eines Elternteils an ihren Lebensverläufen potentiell möglich werden ließen.

**Mehtap (28) und Filiz (30) – Handlungsmuster C** finden in ihren Müttern insofern ein Vorbild, als dass beide Mütter sich in ihren Lebensverläufen entgegen den Erwartungshaltungen des sozialen Umfelds von ihren Ehemännern getrennt und damit gegen die soziale Norm einer lebenslangen monogamen Ehe verstoßen haben.

Filiz Mutter verließ ihren ersten Ehemann während ihrer Schwangerschaft und migrierte später allein nach Deutschland. Filiz beschreibt den Lebensverlauf ihrer Mutter mit Bewunderung.

```
„Äh, meine Mutter war verheiratet (so aus ihren Geschich-
ten), sie musste ja heiraten, ihr-, ihre Eltern haben
dann ihren Mann ausgesucht, den Vater von meinem Bruder,
und ähm, sie hat aber, da war sie im dritten Monat
schwanger, und hat gemerkt, das ist`n Muttersöhnchen und
ähm, hat dann die Fliege gemacht, da war ich selber er-
staunt, die hat dann `n Baby im Bauch gehabt und hat sich
von ihrem Mann getrennt" (Interview Filiz 554 - 563).
```

Filiz' Mutter konnte sich den auf Grund ihrer Trennung zu erwartenden Sanktionen des familialen und außerfamilialen Netzwerks entziehen, indem sie zunächst nach Istanbul und später nach Deutschland migrierte (vgl. Interview Filiz 563 - 566). Möglicherweise lag ihre Migrationsentscheidung auch intentionell darin begründet, den Sanktionen des sozialen Umfelds und einem Statusverlust zu entgehen.

Auch Mehtaps Mutter trennte sich von ihrem Mann, der suchtkrank und gewalttätig war (Interview Mehtap 547f). Die Mutter sowie Mehtap und ihre Geschwister waren nach der Scheidung, begünstigt durch die patrilokal organisierten Verwandtschaftsbeziehungen, massiven Stigmatisierungen und offenen Anfeindungen der familialen Netzwerkmitglieder des Vaters und des ethnischen Netzwerks ausgesetzt.

```
„dann wurden wir ja wie Aussätzige behandelt, von den
Türken da, weil das, weil mein-, meine Mutter die erste
türkische Frau war die sich hat eben scheiden lassen"
(Interview Mehtap 445 - 449).
```

Mehtaps Mutter setzte sich nicht zur Wehr und suchte auch keine räumliche Distanz zum ethnischen Netzwerk. Mehtap betrachtet die passive Strategie ihrer Mutter auch in der Retrospektive als legitimes und erfolgreiches Mittel der Konfliktbewältigung. Um die Strategie ihrer Mutter zu rechtfertigen, relativiert sie die Sanktionsmechanismen des sozialen Netzwerks.

„Sie hat einfach weiter gemacht. Was soll sie denn machen. Also so hat sie`s ja nicht mitgekriegt, weil wir
hatten ja ganz andere Probleme INNERHALB der Familie, wir
mussten ja gucken wo wir bleiben irgendwie, weil mein Vater eben halt keinen Unterhalt gezahlt hat, (...) also da
ist es halt NUR, dass der Kontakt eben verboten wurde von
der Familie aus, und ja, dann halt einfach weg hören, was
willste machen, und nicht darauf eingehen, also meine
Mutter ist jetzt nicht darauf eingegangen, so böse böse
und alles Mögliche, weil ich glaube, das hätte einfach
noch viel länger gedauert. Und äh durch das Ignorieren
hat es sich dann irgendwann nach Jahren mal so relativiert." (Interview Mehtap 605 - 624).

In Mehtaps eigenen Verhaltensmustern lassen sich einige Parallelen zur
Strategie der Mutter aufzeigen (vgl. Kapitel 4.3). Mehtap beschreibt ihr
Verhältnis zur Mutter insgesamt als ambivalent, sie sieht sich insbesondere
mit einer persistenten Heiratsaspiration konfrontiert, die sie (bisher) nicht
erfüllen wollte (vgl. Kapitel 4.3). Auf die Frage nach dem Verhältnis zu
ihrer Mutter zählt Mehtap deren Erwartungshaltungen auf:

„Ach ((stöhnt)).((lacht auf)) Mach deine Haare kürzer,
mach deine Haare länger, lass sie mehr färben, nimm doch
`n bisschen ab, und äh wieso hast du denn keinen Mann,
wieso bist du noch nicht verheiratet und ja, also es hört
überhaupt nicht auf." (Interview Mehtap 228 - 238).

Filiz hingegen beschreibt das Verhältnis zu ihrer Mutter als eng (vgl. Interview Filiz 419ff). Sie erlebt sich allerdings vor dem Hintergrund der von
ihrer Mutter eher traditionell ausgefüllten Mutterrolle gegenüber ihren eigenen Töchtern als defizitär: sie befürchtet, dass sie zu wenig Zeit für ihre
Töchter haben könnte und stellt ihren gewählten Lebensentwurf vor dem
Hintergrund des Lebensentwurfs ihrer Mutter partiell in Frage.

„Also ich hatte eine Mutter, die war immer zu Hause und
hat sich um uns gekümmert. Ich bin eine Mutter die ist
selten zu Hause, meine Kinder die sind dann im Kindergarten. Ich hab die Zeit genossen, als ich nicht in den Kindergarten gegangen bin." (Interview Filiz 1281 -1285).

Die Mutterbeziehungen der befragten Frauen sind im Handlungsmuster der
Anpassung durch die Wohnsituation in einem gemeinsamen Haushalt bestimmt. Beide Mütter binden ihre Töchter an die familiale Wohnsituation
und bieten bei ehrbezogenen Konflikten mit dem Vater kaum Unterstützung.

Die Mutterbeziehungen von Azime und Reyhan sind durch den Tod der
Mütter abgebrochen. Doch auch sie wirken in den Handlungsorientierun-

gen der jungen Frauen nach: Reyhan erinnert sich an ihre Mutter als eine selbständige und von traditionalen Rollenmodellen unabhängige Frau, die ihr auch jetzt noch als Vorbild dienen kann, auch wenn Reyhan ihre konkrete Unterstützung fehlt. Ihre Pflegemutter kann sie bei einer Ablösung von den väterlichen Normvorstellungen nicht unterstützen, denn sie hält diese selber ein. Azime hat von ihrer Mutter Unterstützung im väterlichen Netzwerk erhalten, sie findet in ihr jedoch keine Vorbildfunktion, an der sie sich bei der Ablösung vom Vater orientieren könnte.

Filiz und Mehtap finden in ihren Müttern partielle Vorbilder für die Ablösung von patriarchalisch geprägten Normvorstellungen des ethnischen Netzwerks. Beide Mütter weisen ihren Töchtern jedoch auch traditionale Lebensentwürfe: Mehtap ist mit anhaltenden und eindringlichen Heiratswünschen der Mutter konfrontiert, Filiz erlebt sich im Vergleich mit der Mutter in ihrer eigenen Mutterrolle als unzulänglich, weil sie im Gegensatz zu ihr berufstätig ist.

Insgesamt schildern die Frauen in den Interviews keine mütterlichen Haltungen, die wesentlich von der Norm der vorehelichen Jungfräulichkeit bzw. einer „nachträglichen" ehelichen Legitimation und einer Heirat der Tochter abweichen. Wenn die Mütter auch nicht die primären Vertreterinnen patriarchaler Normvorstellungen sind, so sind sie allerdings auch keine expliziten Gegnerinnen. Damit tragen die Mütter ihrerseits zur (Re-)Konstruktion etablierter Muster in den Tochter-Eltern-Beziehungen und zur Stabilisierung eines Ehrkonzepts bei.

Insgesamt ist in den beschriebenen Tochter-Eltern-Beziehungen zu berücksichtigen, dass unterschiedliche Konfliktlagen in den Beziehungen nicht nur mit den Handlungsmustern, sondern zusätzlich auch mit den jeweiligen Lebenssituationen und dem Alter der Töchter zusammen hängen können. Dafür spricht, dass das Alter der befragten Frauen in den jeweiligen Handlungsmustern trotz der geringen Fallzahl eine bemerkenswerte Konsistenz aufweist, die kaum zufällig ist: Die Frauen im Handlungsmuster der Anpassung sind in etwa Anfang zwanzig, im Handlungsmuster des Verschweigens Mitte zwanzig und im Handlungsmuster der Ablösung Ende zwanzig. Gleichzeitig werden offenbar auch die Handlungsmuster selber durch das Lebensalter der Frauen, durch ihre Position im Lebensverlauf beeinflusst. Um diese Zusammenhänge genauer identifizieren zu können, sind jedoch zusätzliche Studien erforderlich.

Pillemer und Moen (2000) weisen darauf hin, dass Konflikte zwischen erwachsenen Kindern und ihren Eltern tendenziell mit steigendem Alter abnehmen und die Beziehungsqualität zunimmt (vgl. ebd.: 70). Dies gilt jedoch für die hier befragten Frauen türkischer Herkunft insbesondere für die

Vaterbeziehungen nicht. Auch die von den Autoren festgestellten engen Elternbeziehungen der Töchter sind für die Vaterbeziehungen der befragten Frauen türkischer Herkunft nicht nachweisbar.

### 4.2.2 Geschwisterbeziehungen

Schmidt-Denter (1993) bezeichnet Geschwisterbeziehungen als eigenes soziales Subsystem, das insbesondere durch gemeinsame Sozialisationserfahrungen und eine ambivalente Beziehung zwischen Rivalität und Loyalität geprägt ist (vgl. ebd.).

Dabei hat der Altersabstand zwischen den Geschwistern einen erheblichen Einfluß auf die Geschwisterbeziehung: je geringer er ist, desto sozialemotionaler wird die Beziehung gestaltet (vgl. ebd.), dabei bestimmen ambivalente Prozesse der Abgrenzung und gegenseitigen Unterstützung die Beziehung (vgl. Kasten 1998: 154). Ältere Geschwister übernehmen für jüngere zudem häufig eine Pionierfunktion: elterliche Verbote werden von älteren Geschwistern häufig außer Kraft gesetzt und gelten für die nachfolgenden Geschwister in nur noch abgeschwächter Form. Geschwisterbeziehungen kommt darüber hinaus auch beim Ausgleich elterlicher Zuwendungs- und Sozialisationsdefizite eine besondere Rolle zu (vgl. Liegle 2000), die Geschwister übernehmen Funktionen der Betreuung, sie sind Spielkameraden und auch Koalitionspartner gegenüber den Eltern (vgl. Kasten 1998: 151).

Kasten (1998) beschreibt für die Entwicklungen von Geschwisterbeziehungen im Lebensverlauf eine abnehmende Beziehungsintensität, die durch Prozesse der Identitätsfindung in Unabhängigkeit von der Herkunftsfamilie und der Bedeutungszunahme von Freundschafts- und Liebesbeziehungen bereits ab dem Jugendalter beeinflusst wird (vgl. ebd. 154). Enge Geschwisterbeziehungen gelten ab dem (frühen) Erwachsenenalter als eher untypisch (vgl. ebd.) und sind offenbar insbesondere dann vorhanden, wenn die Geschwister nicht in eine stabile Zweierbeziehung eingebunden sind und (noch) keine Eigenfamilie gegründet haben (vgl. ebd.).

Im Gegensatz dazu schlußfolgern Nauck und Kohlmann (1998) in ihrer Untersuchung, dass in den sozialen Netzwerken türkischer Jugendlicher in Deutschland die Geschwisterbeziehungen eine über das Zusammenwohnen im elterlichen Haushalt hinausgehende, bedeutende Rolle einnehmen (vgl. ebd.: 217ff, s. auch BMFSFJ 2000: 114). Von den befragten weiblichen Jugendlichen türkischer Herkunft nannten 49,5 Prozent mindestens einen

Bruder und 59,5 Prozent mindestens eine Schwester als Netzwerkmit-glied[52].

Dass diese Befunde als empirischer Beleg für enge geschwisterliche Kontakte zu betrachten sind, ist jedoch nur eingeschränkt nachvollziehbar. Zunächst ist aus den Daten nicht ersichtlich, wie viele der Jugendlichen überhaupt eine Schwester oder einen Bruder haben, denn offenbar gehen nicht allein Befragte mit Geschwistern in die Auswertung ein. Folglich fehlen entsprechende Informationen, um den Anteil enger Beziehungen an den vorhandenen Geschwisterbeziehungen beurteilen zu können. Leider ist auch die zugrundeliegende Frageformulierung für die Erfassung der genannten Netzwerkkontakte in der Publikation nicht einsehbar. Dass Geschwister als Netzwerkmitglied genannt werden, ist, zumal sie fast ausschließlich im selben Haushalt oder Haus leben (vgl. Skalierung der Distanzmaße in ebd.: 213ff), nicht weiter bemerkenswert, und setzt insbesondere keine positiv erlebte Beziehungsqualität voraus. Darüber hinaus widerspricht die bei den weiblichen Jugendlichen hohe positive Korrelation zwischen Entfernung zu den Geschwistern und Kontakthäufigkeit (bei der Beziehung zum Bruder r=0.78 und bei der Schwesterbeziehung immerhin noch r=0.65) der Schlussfolgerung der Autoren, dass intragenerationale Familienbeziehungen in der Kindergeneration auch über das Zusammenwohnen in einem gemeinsamen Haushalt hinaus besonders relevant und eng sind. Dies trifft u.U. für die in der Studie befragten Söhne zu, bei denen zwischen Entfernung und Kontakthäufigkeit in den Geschwisterbeziehungen praktisch keine Korrelation festzustellen ist, jedoch nicht für die Töchter (vgl. Tabelle 2 in Nauck/Kohlmann 1998: 217). Darüber hinaus wird über Spezifik und Motivlagen intragenerationaler Familienbeziehungen in der Untersuchung von Nauck und Kohlmann nichts ausgesagt.

Enge geschwisterliche Beziehungen junger Frauen türkischer Herkunft sind auch in der vorliegenden Studie relevant, und auch hier wird deutlich, dass sie oftmals mit der Wohnsituation zusammen hängen. In der folgenden Analyse ist insbesondere von Interesse, welche motivationalen und handlungspraktischen Grundlagen sich in engen Geschwisterbeziehungen der befragten Frauen identifizieren lassen und welche funktionalen Unterschiede dabei in den Schwester- und Bruderbeziehungen festzustellen sind.

In den Interviews zeigt sich, dass die Solidarität der Geschwister den Frauen auch bis ins Erwachsenenalter Handlungsspielräume eröffnet, die Verbote oder Erwartungshaltungen der Eltern bzw. des Vaters zu umgehen

---

52 Die männlichen Jugendlichen nennen geschlechtsspezifisch entsprechend häufiger eine Beziehung zu einem Bruder (59,5 Prozent) und etwas weniger häufig zu einer Schwester (52,2 Prozent).

oder aufzuweichen. Als Koalitionspartner gegenüber den Eltern sind die Geschwister insbesondere bei der Wohnform im elterlichen Haushalt und im Handlungsmuster des Verschweigens relevant.

## Schwester-Schwester-Beziehungen

Emotionale Unterstützungsleistungen und Solidarität gegenüber den elterlichen Verboten sind die in den Interviews primär beschriebenen Charakteristika der schwesterlichen Beziehungen. Gül (Handlungsmuster A) berichtet, dass ihre ältere Schwester bei Auseinandersetzungen mit den Eltern über ihre außerhäusliche Handlungsfreiheit für sie Partei ergreift und in Konfliktsituationen vermittelt.

> „und es gab halt wirklich also ganz schön oft auch Ärger
> einfach, das, das war, dieser Haussegen hing einfach
> wirklich total schief, meine Schwester hat auch `n gutes
> Wort für mich auch eingelegt, halt immer mit meinen El-
> tern geredet, und naja, und wenn ihr sie doch einfach nun
> mal lasst, und vertraut ihr doch mal und so, und so ist
> jetzt mittlerweile, also, ist alles sozusagen im grünen
> Bereich." (Interview Gül 2069 - 2078).

Filiz (Handlungsmuster C) hat sich als Jugendliche mit Unterstützung ihrer Schwestern[53] die Handlungsfreiheit schaffen können, das Ausgehverbot des Vaters ohne sein Wissen zu umgehen.

> „oder [man] haut dann nachts ab, das haben wir dann auch
> mal gemacht, als die [Eltern] geschlafen haben, haben
> meine Geschwister die Tür aufgemacht und morgens bin ich
> dann zur Schule gegangen, irgendwie so, und das haben sie
> gar nicht mitgekriegt" (Interview Filiz 193 - 198).

Ältere Schwestern können für die jüngeren darüber hinaus eine Pionierfunktion (vgl. Schmidt-Denter 1993) erfüllen. Filiz` jüngere Schwestern profitierten von ihrer konfrontativen Handlungsstrategie: Nachdem Filiz den elterlichen Haushalt verlassen hatte, lockerte der Vater seinen autoritär-rigiden Erziehungsstil auch gegenüber seinen anderen Töchtern.

> „Ich bin ja mit achtzehn weg und dann dachte mein Vater,
> ok, bevor ich sie jetzt alle verliere, bevor sie alle die
> Koffer packen, konnten sie dann irgendwann kommen und ge-
> hen wann sie wollten." (Interview Filiz 364 - 368).

---

53  und auch des Bruders, vgl. unten

Reyhan (Handlungsmuster B) eröffnet ihrer jüngeren Schwester zusätzliche Handlungsspielräume, indem sie sich gegenüber den elterlichen Verboten mit ihr verbündet.

> „und meine kleine Schwester kommt jetzt auch zu mir und sie hat natürlich auch dort in der Familie überhaupt keine Freiheiten und lebt das jetzt so`n bisschen bei mir aus" (Interview Reyhan 372 - 376).

Für Azime (Handlungsmuster B) hat die Schwesterbeziehung eine zentrale Legitimationsfunktion für ihren gewählten Lebensstil. Azime verheimlicht ihre Zweierbeziehung vor ihrem Vater. Sie begibt sich durch das Zusammenwohnen mit ihrer älteren Schwester nach außen, d.h. gegenüber dem ethnischen Netzwerk, in eine scheinbare Situation sozialer Kontrolle. Sie kann jedoch durch die Solidarität und Unterstützung ihrer Schwester ihre Zweierbeziehung leben, ohne dass ihr Vater davon erfährt und ihre Ehre gefährdet sieht. Da offenbar auch der Vater die Wohnform akzeptiert, könnte man hier von einer Verschiebung des „Stellvertreterprinzips" sprechen: nicht allein die Brüder, sondern auch die Schwestern können eine (gegenseitige) formale soziale Kontrollfunktion übernehmen. Azime selber legitimiert ihre Wohnform mit einer engen, belastbaren Beziehung zur Schwester.

> „Also eher Schwester, weil ich mich sehr gut mit ihr verstehe, ähm, ja, und, ja, ich, ich halte jetzt auch nicht so viel davon, mit der besten Freundin oder so zusammenzuziehen, weil dann ist sie's wahrscheinlich nicht mehr." (Interview Azime 561 - 565).

Das Argument einer konflikthaften Lebenssituation ist unter dieser Perspektive jedoch vorgeschoben: Ein gemeinsamer Haushalt mit einer Freundin kann die nach außen zu demonstrierende soziale Kontrolle nicht erfüllen.

### Schwester-Bruder-Beziehungen

Die Beziehungen der jungen Frauen zu ihren Brüdern gestalten sich deutlich diffuser als die schwesterlichen Beziehungen.

Bei Naile und Gül (Handlungsmuster A), die mit ihren Geschwistern im elterlichen Haushalt leben, manifestieren sich in der Bruderbeziehung insbesondere die innerfamilialen Geschlechterbeziehungen. Naile erlebt im Kontext der elterlichen Erziehung ihres fünfjährigen Bruders ihre innerfamiliale Geschlechterrolle im Vergleich als eingeschränkt. Ihr Vater kündigt an, dass dem Bruder in Bezug auf seine zukünftigen Zweierbeziehungen großzügigere Handlungsmöglichkeiten offen stehen werden, als sie derzeit für Naile gelten.

```
„Bloß ich hab mich natürlich auch richtig darüber aufge-
regt als er [der Vater] meinte, ja wenn er [der Bruder]
älter wird, dann kann er hier gerne seine Mädchen mit
nach Hause bringen" (Interview Naile 1009 - 1012).
```

Zusätzlich erlebt Naile, dass der Sohn für den Vater einen höheren Stellenwert einnimmt, er betrachtet ihn als seinen „Stellvertreter" (vgl. Schiffauer 1991: 240):

```
„Bei manchen Sachen sagt, sagt er [der Vater], ja, das ist
mein Stammhalter. Ja, du mit deinem Stammhalter." (Inter-
view Naile 1026 - 1028).
```

In den Beziehungen zwischen den jungen Frauen und ihren Brüdern werden innerfamiliale Geschlechterverhältnisse und damit verbundene geschlechtsspezifische Verhaltensanforderungen deutlich. Gül fühlt sich für den Gesundheitszustand ihrer Mutter verantwortlich und zieht sich auf ein erwartungskonformes Handlungsmuster zurück (vgl. Kapitel 4.2.1), während ihr Bruder seine außerhäuslichen Aktivitäten nicht mit der Krankheit der Mutter in Beziehung setzt oder sich deshalb einschränkt.

```
„Er [der Bruder] hat also, während ich halt wie gesagt
mehr nachdenke, darüber halt jetzt mittlerweile mehr
nachdenke, hat er sich das einfach genommen. (...) er
denkt halt einfach nicht so viel nach glaub ich persön-
lich, er macht dann einfach, und dass ich mir einfach,
einfach dass ich mehr Rücksicht drauf nehme einfach."
(Interview Gül 2665 - 2685).
```

Offenbar ist der Bruder nicht in derselben Weise wie Gül mit elterlichen Erwartungshaltungen und Sanktionen konfrontiert, so dass er seine Handlungsfreiheiten realisieren kann, ohne dabei innerfamiliale Konflikte auszulösen.

In den Bruderbeziehungen werden auch solidarische Haltungen erkennbar, die für die Handlungsoptionen und -muster der jungen Frauen oft von zentraler Bedeutung sind. Reyhan (Handlungsmuster B) kann durch das Zusammenleben mit einem ihrer Brüder in einem gemeinsamen Haushalt ihren gewünschten Lebensstil realisieren (vgl. auch Azime, Handlungsmuster B). Sie steht durch die gewählte Wohnsituation als unverheiratete junge Frau formal unter der Obhut und der sozialen Kontrolle ihres Bruders und muss so ihren Lebensstil gegenüber ihrem Pflegevater nicht rechtfertigen. Reyhan führt damit gleichzeitig die Strategie ihrer Adoleszenz fort, während der sie die Solidarität ihrer Brüder nutzte, um sich Handlungsfreiräume zu schaffen.

„Und dann hab ich aber irgendwie so (3) `n ganz eigenen Weg gewählt, dass ich innerhalb der Woche in K. `n ganz braves Schulmädchen war und, hm, die Wohnung meiner Brüder so`n bisschen, ausgenutzt hab und meiner Narrenfreiheit am Wochenende, und dafür dann auch DOPPELT so aufgedreht hab wie andere Jugendliche in dem Alter, und alles viel zu früh und viel zu extrem gemacht hab" (Interview Reyhan 289 - 298).

Auch Reyhan legitimiert ihre Wohnform mit einer engen Geschwisterbeziehung.

„Hm. Sehr gut. (3) Also, es ist ganz innig. Ganz innig. Es ist wirklich so dass man weiss, dass die anderen immer da sind, und einen immer auffangen würden, wenn was ist. Ähm, ja." (Interview Reyhan 255 - 258).

Hier wird deutlich, dass sich Handlungsspielräume für die jungen Frauen besonders auch dann eröffnen, wenn die Brüder ihrerseits ihre traditionale Rolle als Stellvertreter des Vaters nicht ausfüllen. Auch in Filiz Fall ist die Solidarität ihres Bruders für die Realisierung von Handlungsspielräumen von Bedeutung.

„Also, mein Bruder, der ist ähm elf Jahre älter als ich, aber der ist dann schon viel lockerer, der ist nicht so von diesen Aufpasserbrudis äh, sag ich immer, der hat dann immer gesagt, na komm, wenn du `n Freund hast, er hat uns dann in die Disco gebracht und wir konnten uns da mit unseren Freunden treffen, also, das ist mein bester Kumpel, heute immer noch (...)" (Interview Filiz 225 - 233).

Die Modifikation des Stellvertreterprinzips in der Migrationssituation geht gleichzeitig oft mit Retraditionalisierungstendenzen einher, die einige Brüder offensichtlich insbesondere im sozialen Kontext (männlicher) ethnischer Netzwerke und der dort erlebten sozialen Kontrolle entwickeln. Güls Bruder kontrolliert und bewertet das Verhalten seiner Schwestern.

„weil mit zwölf irgendwie fing mein Bruder halt langsam auch so an, von wegen, ich hab halt immer mit Jungen Fußball gespielt, und naja, hm, und von wegen, ist ja nicht so gut, und bla, und pass mal so`n bisschen auf und alles mögliche." (Interview Gül 1915 - 1920).

Er tut dies jedoch nicht, um väterliche Erwartungshaltungen zu erfüllen, sondern richtet sich hier offenbar nach den innerhalb seiner Peergroup geltenden Norm- und Wertorientierungen[54].

> „ich persönlich glaube es war sein Umfeld, weil sein Umfeld ist auch so`n bisschen (2) so denkend, und da hat er sich ganz schön beeinflussen lassen, glaub ich persönlich, also so was ich so mitbekommen hab von seinen Freunden und so (...) halt von wegen, naja, und wenn meine Schwester das machen würde, und das kann sie doch nicht machen, und sie ist ja kein Flittchen, und so nach dem Motto, und, solche Dinge" (Interview Gül 1926 - 1942).

Güls Vater allerdings monopolisiert seinen Erziehungsanspruch gegenüber dem Sohn und untersagt ihm, gegenüber seinen Schwestern Verbote oder Sanktionen auszusprechen:

> „und dann hat mein Vater das mitbekommen und dann naja, »mit Genugtuung« und dann gab`s richtig Ärger, dann meinte er [der Vater] (...), dass er [der Bruder] sich da nicht einzumischen hat" (Interview Gül 1993 - 1997).

Auch bei Azimes Bruder werden Retraditionalisierungstendenzen bezüglich des Stellvertreterprinzips deutlich. In Berlin toleriert der Bruder ihren Lebensstil, er weiß von ihrer Zweierbeziehung, die sie ihrem Vater gegenüber verschweigt. Er verhält sich gegenüber Azime solidarisch, indem er den Vater seinerseits in Unkenntnis über ihre Beziehung lässt. Bei gemeinsamen Besuchen in der Türkei allerdings fällt er, offenbar unter der verstärkten Kontrolle des sozialen Netzwerks, in seine Stellvertreterrolle gegenüber dem Vater zurück und weist Azime wegen ihres Kleidungsstils zurecht.

> „also ich fand das vor zwei Jahren auch irgendwie voll unmöglich von meinem Bruder, der mir [sonst] überhaupt nichts sagt, und der dann meinte, ja, findest du's in Ordnung, dass du ein ärmelloses Oberteil anhast? (...) Also wo die [Brüder] dann auch wirklich selber Angst davor haben, dass irgend jemand anfängt zu tratschen und, und, ja, irgendwie so.(...) Und dann sag ich, ey, die tragen hier nicht nur ärmellos, sondern auch mit Ausschnitt und Spaghettiträgern und so, das ist doch - also Spaghettiträger hab ich dort auch nicht angezogen." (Interview Azime 1397 - 1413).

---

54 Vgl. hierzu die Anmerkungen zur (Re-)Traditionalisierung von Norm- und Wertvorstellungen in der Migrationssituation (Kapitel 2.2.1).

Der Bruder orientiert sich hier offensichtlich an Maßstäben eines Ehrkonzepts, dass ihm aus ethnischen Netzwerken in Deutschland bekannt ist, auf das er sich dort allerdings nicht bezieht. Hier überträgt er es auf die soziale Situation in der Türkei, denn er hat offenbar das Gefühl, im Kontext des ethnischen Netzwerks die Rolle des Bruders ausfüllen zu müssen. Seine Maßstäbe fallen dabei strenger aus, als es für den sozialen Kontext in der Türkei angemessen ist.

Die Rolle des Bruders als Stellvertreter des Vaters wird jedoch nicht allein in Sanktionssituationen relevant. Die Übernahme der väterlichen Rolle hat darüber hinaus in Situationen Bedeutung, in denen der Vater seine Rolle nicht ausfüllen kann oder will.

> „Mein Vater, äh, mein, mein Bruder war eher so der Papa. Also wenn`s Elternabende gab in der Schule oder so, war`s mir peinlich, wenn mein Vater dahin gegangen ist. A wegen seinem Alter auch, der war dann schon, wir nannten ihn Opi zu Hause, und B, der hat da alles vermasselt also, da war, wurde es mir peinlich am nächsten Tag da hinzugehen." (Interview Filiz 441 - 449).

Bruderbeziehungen können damit auch als Ersatz einer fehlenden positiv erlebten Vaterbeziehung dienen.

In den Interviews wird insgesamt deutlich, dass die Geschwisterbeziehungen eine bedeutende Rolle als Unterstützungsfunktion gegenüber elterlichen Restriktionen besitzen. Dies gilt relativ uneingeschränkt für die Schwesterbeziehungen, aber auch für einige Bruderbeziehungen. In Filiz Fall hat auch die geschwisterliche Solidarität die Konflikteskalation und ihre Ablösung von den väterlichen Erwartungshaltungen erst ermöglicht, denn Filiz konnte sich darauf verlassen, dass sie durch ihren Auszug aus der elterlichen Wohnung nicht den Bruch mit ihrer gesamten Herkunftsfamilie riskiert.

> „Also ich wusste von vornherein, mit meiner Mutter und mit meinem Bruder werd ich sofort wieder Kontakt aufnehmen, mit meinen Geschwistern auch" (Interview Filiz 323 - 326).

Im Interview mit Filiz wird zudem deutlich, dass die Geschwister offenbar auch als Ersatz fehlender innerethnischer Netzwerkbeziehungen fungieren. Filiz distanzierte sich von ihren türkischen Freundinnen, als diese nach dem Schulabschluss einen traditional orientierten Lebensstil in der Familientätigkeit wählten (vgl. Interview Filiz 79 - 89). In ihrem aktuellen Netzwerk hat Filiz daher keine Freundinnen türkischer Herkunft, sie zählt jedoch explizit ihre Geschwister zu ihren Freundschaftsbeziehungen.

„ansonsten hab ich eigentlich kaum türkische Freundinnen
ähm ich würd sagen das sind dann, also das waren dann
Freundinnen gewesen aber unsere Wege haben sich dann getrennt so nach, nach der Oberschule, und sonst hab ich
viele Geschwister, also wir sind fünf Geschwister, mit
denen hab ich dann viel Kontakt" (Interview Filiz 60 -
68).

Enge geschwisterliche Beziehungen können jedoch auch die Ablösung von
der Herkunftsfamilie und die Entwicklung einer von dieser unabhängigen
Identität und Lebensform erschweren (vgl. Kasten 1998: 154). Dabei ist es
nicht von besonderer Bedeutung, ob die Geschwisterbeziehungen positiv
oder negativ erlebt werden, ob sie primär durch intensive emotionale Unterstützungsleistungen oder durch soziale Kontrolle geprägt sind, denn beides führt in der Konsequenz zur Bindung an die Herkunftsfamilie.

Insbesondere Reyhan und Azime im Handlungsmuster des Verschweigens
suchen explizit das Wohnmodell mit den Geschwistern auf, um ihren gewählten Lebensstil verdeckt leben zu können. Dieses Bewältigungsmuster
erscheint insbesondere unter der Perspektive problematisch, als dass es
nicht allein zur (temporär) situationalen Entlastung der Tochter-Vater-
Beziehung beiträgt, sondern auch zur Stabilisierung einer Lebensform, in
der ein Modell einer von der Herkunftsfamilie unabhängigen Zweierbeziehung und insbesondere auch der Übergang zu einem Zweierbeziehungsmo-
dell mit einem gemeinsamen Haushalt nicht möglich erscheint. Die Abgrenzung von der Herkunftsfamilie als eine zentrale Entwicklungsaufgabe
innerhalb einer Zweierbeziehung ist hier durch das Muster des Verschweigens blockiert.

Nach der Beschreibung ihrer Familienbeziehungen soll nun im folgenden
Kapitel beleuchtet werden, wie die jungen Frauen vor dem Hintergrund der
dargestellten Familienverhältnisse ihre Partnerwahl gestalten.

## 4.3 Partnerwahl

Die Individualisierung gilt als eines der charakteristischen Merkmale moderner Gesellschaften (vgl. Beck 1986, Inglehart 1989). Traditionelle Bindungen und festgelegte Lebensverläufe haben sich weit gehend aufgelöst,
statt vorgegebener Handlungsschemata und Bindungsmuster existiert eine
Pluralität unterschiedlicher Lebensstile, innerhalb derer das handelnde
Subjekt seine individuelle Handlungswahl realisieren kann und dies auch

muss[55]. Lebensverläufe sind nicht durch soziale Kategorien wie Geschlecht, sozialen Status, Religions- oder Schichtzugehörigkeit vorgezeichnet, und wenn sie auch nicht gänzlich unabhängig von ihnen sind, so haben diese Kategorien jedoch den Determinismus weit gehend verloren. Längst gilt die lebenslange, monogame Ehe nicht mehr als die einzig sozial akzeptierte Beziehungsform, auch hier existiert eine Vielzahl wählbarer und lebbarer Partnerschaftsmodelle (vgl. Schneider/Rosenkranz/Limmer 1998), die zudem in jeweils unterschiedlichen Phasen im Lebensverlauf relevant sein können. Schmidt (2002) kann in seiner Untersuchung zeigen, dass jüngere Männer und Frauen im Zeitverlauf zunehmend monogame und serielle Beziehungsmuster aufweisen.

Aus der Perspektive der Individualisierungsthese erscheint das soziale Phänomen der Partnerwahl auf den ersten Blick als ein Prozess[56], der überwiegend durch eine selbstbestimmte Handlungswahl der Akteure und ein Höchstmaß an Handlungsfreiheit gekennzeichnet ist. Daraus würde folgen, dass Partnerwahlprozesse unabhängig von sozialstrukturellen Merkmalen der Akteure und jenseits von Schließungsmechanismen sozialer Milieus[57] verliefen. Die bisherigen empirischen Studien zu Formen der Partnerwahl und Paarbildungsprozessen belegen jedoch recht eindeutig und überwiegend übereinstimmend, dass die „Wahl" des Partners keineswegs „zufällig" erfolgt, sondern sozialstrukturellen Mustern folgt. Längerfristige Zweierbeziehungen weisen sich insbesondere durch eine hohe Bildungs- und Altershomogamie der Partner aus (vgl. Hill/Kopp 2001, Rüffer 2001, Teckenberg 2000).

Giddens (1993) beschreibt in seinem Modell der *reinen Beziehung* einen modernen Typus von Zweierbeziehungen, die allein um ihrer selbst Willen eingegangen und aufrecht erhalten werden (vgl. ebd.: 69). Sie ist von traditionalen Vorgaben über die Form und Verlaufsphasen der Zweierbeziehung, über festgelegte Geschlechterrollen unabhängig, sie ist weder notwendig heterosexuell noch notwendigerweise monogam. Gelebt wird die Beziehung, über die beide Partner sich verständigt haben. Sie ist gebunden an eine „partnerschaftliche Liebe", die im Gegensatz zum romantischen Liebesideal die Gleichheit in den Geschlechterverhältnissen postuliert. Giddens reine Beziehung ist dabei als Idealtypus (Weber 1976) zu verste-

---

55 Giddens beschreibt dieses Phänomen als das „reflexive Projekt des Selbst" (vgl.ebd. 1993: 87).

56 zum Prozesscharakter der Partnerwahl vgl. unten.

57 Neben dem klassischen Ansatz von Bourdieu (1987) liefert Schulze (1996) eine anschauliche Milieuanalyse für Deutschland in den neunziger Jahren. Eine differenzierte kultursoziologische Analyse von Distinktionen sozialer Milieus innerhalb von Zuwanderergruppen lässt allerdings bisher auf sich warten.

hen: dass traditionale Orientierungen sich insbesondere bezüglich der Geschlechtsrollenorientierungen auch in „modernen" Zweierbeziehungen recht hartnäckig (re)produzieren, zeigt u.a. Jamieson (2003).

Hill/Kopp (2001) weisen zu Recht darauf hin, dass die Wahl eines Partners nicht als singuläre Entscheidung zu werten, sondern vielmehr als Prozess zu verstehen ist (vgl. ebd.: 14). Erst der Prozess der Paarbildung, der Verlauf der (ersten) Phasen der Zweierbeziehung entscheidet über deren vorläufigen bzw. längerfristigen Fortbestand. Die Analyse der Partnerwahl türkischer Frauen erfolgt unter dieser Voraussetzung hier unter einem eingeschränkten Blickwinkel: Es geht hier im Sinne der Fragestellung nicht um die *Verlaufsphasen* von Zweierbeziehungen von Frauen türkischer Herkunft[58], sondern primär um die subjektiven Begründungen der vollzogenen oder angestrebten Partnerwahl .

Die Partnerwahl von Migranten wird häufig als Indikator für den Grad der „Integration"[59] in die Aufnahmegesellschaft verstanden (vgl. BMFSFJ: 78). Neben „sozialstrukturellen Voraussetzungen der Liebe" (Klein 2001) spielen auch kulturelle Normen und Vorstellungen von Partnerwahl, Formen der Zweierbeziehung und Geschlechterverhältnissen eine Rolle, die allerdings nicht nur zwischen Herkunfts- und Aufnahmekontext, sondern auch innerhalb dieser erheblich differieren können (vgl. Nauck 2001: 44ff).

Nach Ergebnissen des Sechsten Familienberichts sind zunehmend mehr türkische Eltern mit interethnischen Ehen ihrer Kinder einverstanden (vgl. BMFSFJ 2000: 84f). Die türkischen Eltern geben dies etwa zur Hälfte an: die Mütter zu 50 Prozent, die Väter sogar zu knapp 60 Prozent. Tendenziell ähnliche Angaben machen auch die befragten unverheirateten Frauen und Männer türkischer Herkunft selber (vgl. ebd.: 84): 44,3 Prozent der Frauen und 42,8 Prozent der Männer sind positiv gegenüber einer Ehe mit einem deutschen Partner bzw. einer deutschen Partnerin eingestellt. Auch in der Untersuchung von Bleich/ Witte/ Durlanik (2000) geben nur zehn Prozent der Frauen und sechs Prozent der Männer an, der zukünftige Partner solle in der Türkei aufgewachsen sein. Allerdings wünschen dies nach Meinung der Befragten noch etwa ein Viertel der Eltern.

Aus diesen Ergebnissen einen verbreiteten Trend zur interethnischen Eheschließung türkischer Migranten abzuleiten, erscheint jedoch nicht angebracht, denn zwischen den Einschätzungen über zukünftige Eheschließungen und dem tatsächlichen, erfassbaren Heiratsverhalten existieren signifikante Unterschiede.

---

58  Die eignen sich allerdings als Gegenstand für eine gesonderte Untersuchung.
59  Zur Problematisierung des Begriffs vgl. Kapitel 2.1.2

Straßburger (2001) stellt eine Schätzung für die Eheschließungen[60] in Deutschland lebender Türkinnen und Türken auf, in der die in Deutschland zugänglichen statistischen Angaben verschiedener Institutionen (deutsche Standesämter, türkische Generalkonsulate, Visumstatistik des Auswärtigen Amtes) zusammen gefasst sind.

Transnationale Ehen zwischen einer Person türkischer Staatsangehörigkeit mit Wohnsitz in Deutschland und einer Person aus der Türkei werden in der Statistik durch die Visumsstatistik des Auswärtigen Amtes repräsentiert, die die Anzahl der Ehegattennachzüge von der Türkei nach Deutschland dokumentiert[61].

---

60 Bei der statistischen Erfassung von Eheschließungen türkischstämmiger Migranten existieren eine Reihe methodischer Schwierigkeiten, die eine annähernd exakte Erfassung der Häufigkeiten erheblich erschweren. Die Hauptproblematik bezieht sich dabei auf die gängige Praxis, in Statistiken zu Eheschließungen die Nationalität, nicht aber den ethnischen Hintergrund der Personen zu erfassen. In der Migrationssituation fallen ethnische und nationale Zugehörigkeit durch Einbürgerungen häufig auseinander, so dass eine Beurteilung der Häufigkeiten inner- und intraethnischer Ehen kaum möglich erscheint. Darüber hinaus werden eine Anzahl von Ehen (mit mindestens einem Partner türkischer Herkunft) in der Türkei geschlossen und sind somit für die statistische Erfassung in Deutschland nicht zugänglich. Zudem werden in amtlichen Statistiken nur eheliche Zweierbeziehungen erfasst, damit können über nichteheliche Zweierbeziehungen auf statistischer Grundlage keine Aussagen getroffen werden.
61 Straßburger weist darauf hin, dass die zeitliche Verzögerung zwischen Heirat und Visumserteilung zu berücksichtigen ist und dass die Statistik keine Fälle erfasst, in denen der Nachzug zu einer eingebürgerten Person erfolgt bzw. in denen die Eheschließung mit einer Migration in die Türkei verbunden ist (ebd.: 41).

*Tabelle: Geschätzte Eheschließungen türkischer Staatsangehöriger in der BRD 1996*

| Art der Angaben | absolut | in Prozent |
|---|---|---|
| Ehegattennachzüge aus der Türkei zu ausländischen Personen in Deutschland | 17.662 | 61,1 |
| türkisch-türkische Trauungen in türkischen Generalkonsulaten in Deutschland | 4.920 | 17,0 |
| deutsch-türkische Trauungen in deutschen Standesämtern | 4.657 | 16,1 |
| türkisch-türkische Trauungen in deutschen Standesämtern | 917 | 3,2 |
| ausländisch-türkische Trauungen in deutschen Standesämtern | 747 | 2,6 |
| **Summe** | **28.903** | **100,0** |

Quelle: Statistisches Bundesamt, türkische Generalkonsulate, Auswärtiges Amt (aus Straßburger 2001: 41, vgl. auch Straßburger 1999).

Die vorliegende Schätzung ist meines Wissens der bisher einzige Versuch, exogame und endogame Eheschließungen der türkischen Migrantenpopulation statistisch zu erfassen. Trotz der beschriebenen, teilweise erheblichen methodischen Einschränkungen bezüglich der Aussagekraft weist die Statistik auf eine Tendenz innerhalb der türkischen Migrantenbevölkerung hin, primär innerethnisch zu heiraten: Auf Grundlage der Statistik sind dies bei den Migranten türkischer Herkunft *und* Nationalität über 80 Prozent. Ob sich das Heiratsverhalten eingebürgerter Frauen und Männer türkischer Herkunft davon signifikant unterscheidet oder nicht, kann jedoch auf dieser Grundlage weiterhin nicht beurteilt werden. An dieser Stelle können qualitative Studien weiterhelfen, die sich jedoch bisher nicht primär mit dem Zusammenhang zwischen Nationalität und Heiratsverhalten beschäftigen.

Über 60 Prozent der von Straßburger (2001) erfassten Eheschliessungen türkischer Migranten sind dabei transnationale Eheschließungen, d.h. einer der beiden Ehepartner migrierte von der Türkei nach Deutschland. Straßburger kommt in ihrer Analyse der Motivlagen transnationaler Eheschließungen zu der Schlußfolgerung, dass diese primär auf „selbstbestimmten Entscheidungsfindungen" der von ihr befragten Frauen türkischer Herkunft in Deutschland basieren. Ihre Schlussfolgerung ist handlungstheoretisch im Bereich der *rational choice* zu verorten, denn sie basiert auf einem Handlungskonzept, dass eine freie, selbstbestimmte und alle potentiell wählbaren Handlungsoptionen *gleichberechtigt* einschließende Entscheidungsfindung der handelnden Subjekte impliziert. Straßburgers Ansatz beschreibt hier ein Bild vom handelnden Individuum, dass in mancher Hinsicht wünschenswert sein mag, dabei jedoch zentrale Aspekte der sozialen Wirklichkeit ausblendet. Wünschenswert ist es insbesondere deshalb, weil es entgegen vieler bisheriger Untersuchungsergebnisse zu Lebensverläufen türkischer Frauen die Selbstbestimmtheit in den Handlungsentscheidungen der Frauen betont und die Fremdbestimmtheit durch die Einflüsse des familialen Netzwerks zu widerlegen scheint. Tatsächlich geht Straßburger jedoch in ihrer Analyse auf die Beziehungen zwischen den Frauen und ihrem ethnischen Netzwerk nicht detailliert genug ein, um diese als Einflussvariablen auf die Handlungsentscheidungen der Frauen analysieren zu können. Damit bleibt die Bedeutung von Familienstrukturen und -beziehungen in türkischen Migrantenfamilien (vgl. Kapitel 4.2) und deren Einfluss auf die Partnerwahl unberücksichtigt.

Cil (2000) merkt in diesem Zusammenhang an, dass der hohe Anteil transnationaler Eheschließungen als Kompromissversuch zwischen Eltern und Töchtern verstanden werden kann. Die elterlichen Erwartungshaltungen bezüglich der Form der Zweierbeziehung und einer innerethnischen Partnerwahl werden fortgeführt, gleichzeitig fungieren die Heiratsmigranten als Vermittler zwischen Eltern- und Tochtergeneration, da sie sowohl über die Migrationserfahrung der ersten Generation, als auch über generationsspezifisch „modernere" Lebenshaltungen der zweiten Generation verfügen: „die Etablierten-Außenseiter-Beziehung zwischen Eltern und Kindern wird durch die Heiratsmigrantinnen und -migranten gemildert." (vgl. ebd.: 135f). Gleichzeitig sind transnationale Ehen aufgrund des unterschiedlichen Sozialisationshintergrundes der Ehepartner häufig auch mit Problemen belastet, ein Phänomen, auf das auch Aktas (1999: 169) aus den Erfahrungen ihrer Beratungspraxis mit Frauen mit muslimischem Hintergrund hinweist.

Laut einer Repräsentativumfrage zur Lebenssituation türkischer Berlinerinnen und Berliner aus dem Jahr 2001 sind 52 Prozent der Frauen (und 55 Prozent der Männer) im Alter von unter 30 Jahren (noch) nicht verheiratet (vgl. die Ausländerbeauftragte des Senats von Berlin: 2001). Im Vergleich zur Umfrage von 1989 unter türkischen Jugendlichen ist hier ein Bedeutungsverlust der Ehe unter den Berlinerinnen türkischer Herkunft festzustellen (vgl. ebd. 1990): Damals waren bereits von den 16 bis 25-jährigen in etwa ebenso viele Frauen verheiratet (im Gegensatz zu 12,6 Prozent der deutschen Frauen innerhalb derselben Altersgruppe).

Die Tendenz zu innerethnischen, meist transnationalen Eheschließungen innerhalb der türkischen Migrantenbevölkerung lässt sich in den vorliegenden Interviews in der *Partnerwahl* der jungen Frauen nicht bestätigen. Für diese Diskrepanz lassen sich verschiedene Erklärungsansätze finden: Keine der von mir befragten Frauen ist (bisher) verheiratet, es ist also durchaus möglich, dass erst im Falle einer geplanten Heirat auch ein verändertes Partnerwahlverhalten festzustellen ist, das die familiale Erwartungshaltung einer innerethnischen Heirat dann u.U. erfüllt. Die weiteren Lebensverläufe der befragten jungen Frauen bereits zu diesem Zeitpunkt zuverlässig prognostizieren zu wollen, erscheint jedoch zu spekulativ. Vier der Frauen leben oder lebten bereits in teilweise langjährigen nichtehelichen Zweierbeziehungen, allerdings nur zwei davon mit Wissen ihrer Familie. Die im Rahmen dieser Studie befragten Frauen verfügen zudem überwiegend über höhere Bildungsabschlüsse, die eine emanzipatorische Haltung gegenüber der Elterngeneration vermutlich begünstigen und damit gleichzeitig aufgrund verlängerter Ausbildungszeiten eine Eheschließung verzögern können. Möglicherweise tritt hier auch der oben diskutierte Effekt des potentiell differenten Partnerwahlverhaltens eingebürgerter Frauen türkischer Herkunft auf, denn die befragten Frauen besitzen überwiegend die deutsche Staatsangehörigkeit.

Die befragten Frauen haben sich in ihren Lebensentwürfen aus traditionellen Mustern der türkischen Herkunftskultur weit gehend gelöst. Für alle Frauen nehmen Ausbildung und Berufstätigkeit einen hohen Stellenwert ein, eine reine Familientätigkeit wird derzeit von keiner befragten Frau gewünscht. Man muss hier allerdings berücksichtigen, dass nur eine der Frauen (Filiz) bereits Kinder hat, so dass auch hier eine Veränderung der Lebensentwürfe bei einem zukünftigen Kinderwunsch und Familienbildung durchaus möglich erscheint. Eine Heirat gilt (außer für Naile) nicht als zwangsläufige Statuspassage im Lebensverlauf, mehrere Frauen schliessen eine *eheliche* Zweierbeziehung für ihre weiteren Lebensverläufe derzeit sogar kategorisch aus. Damit orientieren sich die Frauen – bis auf Naile – primär an pluralisierten Lebensentwürfen. Gleichzeitig sind alle Frauen mit der elterlichen Erwartungshaltung konfrontiert, die Norm der vorehelichen Jungfräulichkeit zu erfüllen und/oder ihre Sexualität durch eine Ehe zu legitimieren. An dieser Stelle wird die Position der Frauen in den „interkulturellen Zwischenwelten" (vgl. Gemende 2002, s. Kapitel 2.1.2) deutlich, innerhalb derer die jungen Frauen neue Handlungs- und Deutungsmuster entwerfen müssen. Die Frauen entwickeln auch hier verschiedene individuelle Strategien, die sich im Vergleich als Bewältigungsmuster identifizieren und typisieren lassen.

Keine der Frauen hat einen Partner türkischer Herkunft und keine der befragten Frauen wünscht sich ausdrücklich einen Partner aus der Herkunftskultur der Eltern. Bis auf Naile betonen alle Frauen, dass ein türkischer Partner für sie nur unter der Voraussetzung einer gleichberechtigten Zweierbeziehung in Frage kommt. Aus Sicht der Frauen ist dies mit einem türkischen Mann jedoch kaum realisierbar- in den Handlungsmustern des Verschweigens und der Ablösung kristallisiert sich bei den Frauen ein durchgängig negatives Bild von Männern türkischer Herkunft heraus.

> „ich hab da keinen Bock auf diese Machogetue, da hab ich echt keine Lust drauf. Also ich mein, es ist eigentlich egal WAS er ist, nur er muss dann halt auch schon irgendwie `n bisschen offener sein und zumindest `n Freiraum irgendwie gewähren. Und das ist mir bis jetzt noch nicht passiert." (Interview Mehtap 434 - 440).

Auch Filiz fürchtet um ihre Handlungsfreiheit, würde sie einen Partner türkischer Herkunft wählen. Dabei bezieht sie sich insbesondere auf Tendenzen einer Retraditionalisierung unter Männern türkischer Herkunft.

> „Also, die Rollenverteilung in der Ehe (...) also wenn ich jetzt `n Türken heirate würde, wär das wie so`n goldener Käfig, und da möcht ich nicht rein. (...) dann nehm ich mir `n deutschen Mann oder `n anderen, wo ich dann auch sagen kann, du, ich geh mal heute auch mit meinen Freundinnen in die Disco, das heisst noch lange nicht, dass ich ihn dann betrügen muss, aber diese Einstellung haben komischerweise die türkischen Männer, wenn eine türkische Frau in die Disco geht, dann heisst es sofort, sie betrügt ihn ,(...) und sowas möcht ich mir nicht antun. Ich sag ja, das sind vielleicht Vorurteile, es gibt auch Ausnahmen, aber ich hatte von vornherein äh, hier, türkische Männer, nee, kein Interesse." (Interview Filiz 737 - 761).

Auch Azime steht einer Zweierbeziehung mit einem Partner türkischer Herkunft ablehnend gegenüber und auch sie befürchtet in diesem Zusammenhang primär traditionale Haltungen türkischer Männer: die Einbindung in die Familie des Mannes und Religiosität.

> „die Deutschen kannst du besser einschätzen, na ja, da erwartet dich nicht so irgendwas ganz Krasses, also so, wo du dann denkst so, irgendwas, das dich jetzt voll umhauen wird, so mit den Ansichten. (...) Dass die sich dann irgendwann so stark in ihre Familie einbeziehen oder dass, dass die plötzlich irgendwelche coolen Ansichten haben, also, oder auch Religion, also ein Türke mit Religion, also, darauf hätte ich überhaupt keinen Bock, so, so einer, der in die Moschee geht oder so" (Interview Azime 632 - 647).

## Gül (19) und Naile (22) – Handlungsmuster A

In den Interviews wurden von den Frauen zur Frage nach der gewünschten Herkunft des Partners zunächst häufig relativ prompt Antworten generiert, die auf soziale Erwünschtheit im Antwortverhalten schließen lassen: In der hermeneutischen Gesamtanalyse des Interviews zeigt sich jedoch ein konträres Bild. Auf die Frage der Interviewerin nach den Erwartungen der Eltern an ihren zukünftigen Partner antwortet Gül:

> „Denen ist es auch egal ((lacht)), so das ist, ähm, (...)also meine Mutter, ich glaube sie würden`s schon `n bisschen schöner finden wenn`s `n Türke wäre, weil halt wie gesagt man kann sich auf der, also mein Vater kann nicht so gut deutsch, meine Mutter dagegen schon fließend, aber es ist halt einmal, der Humor ist derselbe, die Sitten kennt man einfach, ähm, die Sprache ist dieselbe, ich glaube was das angeht, würde es ihnen mehr behagen einfach, also, weil halt, man weiss halt worüber man redet und ist halt der gleichen Nationalität angehörig und, ja, aber sonst ist es ihnen auch ziemlich egal, Hauptsache, man ist glücklich und, ja." (Interview Gül 1642-1666).

Gül leitet die zitierte Interviewpassage mit der Aussage ein, den Eltern sei „es auch egal". Die Fragestellung ist hier beabsichtigt allgemein gehalten und enthält bewusst keine Hinweise auf bestimmte Kriterien der Partnerwahl, die Gül in ihrer Antwort berücksichtigen soll. Die Entscheidung, welche Aspekte hier relevant sein sollen, überlässt die Interviewerin damit der Probandin. Um was es hier nun also auch immer gehen mag, Gül selber hat es noch nicht definiert, ihr ist aber wichtig, festzuhalten, den Eltern sei *es* „auch" – nämlich ebenso wie ihr – egal. Mit einer ähnlichen Aussage beendet sie ihre Ausführungen, wenn auch mit der Einschränkung „ziemlich", die sich aus der Zwischenpassage (s.u.) ergibt: „ja, aber sonst ist es ihnen auch ziemlich egal, Hauptsache, man ist glücklich und, ja."

Was wir zwischen dieser Einrahmung sozialer Erwünschtheit von Gül erfahren, belegt jedoch das Gegenteil. Gül legt überzeugend dar, sie glaubt, die Eltern wünschen sich einen türkischen Schwiegersohn. Die Gründe dafür kann sie relativ detailliert benennen: Der Vater beherrscht die deutsche Sprache nicht ausreichend, um mit einem deutschen Schwiegersohn angemessen kommunizieren zu können. Die Mutter beherrscht die deutsche Sprache zwar gut, aber das scheint nicht ausreichend, auch der Vater muss mit einbezogen werden. Gül fallen noch weitere Vorteile eines türkischen Schwiegersohns für die Eltern ein: der selbe Humor und gemeinsame „Sitten". Gül selber wird während ihrer Ausführungen deutlich, es geht nicht allein um die Sprache, sondern darum, dass man kulturelle Situationsdefinitionen teilt: „man weiss halt worüber man redet. "Woran man so einen Schwiegersohn bzw. potentiellen Partner erkennt, darüber besteht kein Zweifel:

> „man (...) ist halt der gleichen Nationalität angehörig".

Sowohl in Nailes als auch in Güls Fall zeigt sich, dass die Eltern eine Zweierbeziehung der Töchter dauerhaft nur unter der Bedingung einer ehelichen Legitimation tolerieren. Die beiden Frauen entwickeln vor diesem Hintergrund jedoch zwei unterschiedliche Bewältigungsstrategien: Gül steht einer Heirat in ihrer derzeitigen Lebenssituation ablehnend gegenüber und verzichtete deshalb bisher konsequent auf eine Zweierbeziehung. Sie äußert im Interview, sie sei noch nie verliebt gewesen und rechtfertigt ihre Zurückhaltung. Dass sie bisher noch keine Zweierbeziehung hatte, kann zusätzlich auch ein Alterseffekt sein, allerdings wird im Interview deutlich, dass für Gül auch in der näheren Zukunft keine Zweierbeziehung in Frage kommt:

> „Ja, hm. `N Freund haben. Naja, das Problem ist bei mir, ich bin nicht so der Mensch für lange Beziehungen, das ist so `ne Sache, deswegen ist es auch nicht so, dass ich sagen könnte, ich hab mal `n Freund gehabt oder so, das ist so, ja also, ich weiss nicht." (Interview Gül 1462 - 1467).

Sie vermeidet es, in eine Konstellation zu gelangen, aus der sich eine Zweierbeziehung entwickeln könnte. Dementsprechend gestaltet sie ihre Beziehungen zu jungen Männern in einer Weise, die eine erotische Konnotation (zumindest vorläufig) ausschliessen – sie ist die „gute Freundin", der „Kumpel".

> „die meisten Mädchen, ich komm mit ihnen nicht so gut klar, ist einfach, mit Jungen ist einfach `ne kumpelhaftere, ist einfach `ne schönere, `ne witzigere Freundin, mit denen kann man mehr Unsinn machen (...)" (Interview Gül 1161 - 1166).

Naile hingegen übernimmt das von ihren Eltern gewünschte Familienmodell und die ehrgeleitete Sexualmoral in ihren Lebensentwurf. Ihre Eltern formulieren ihre Erwartungshaltungen an Nailes Partnerwahl dabei recht eindeutig und die elterlichen Vorstellungen manifestieren sich auch in Nailes bisheriger „Partnerwahl":

> „Ich wurde halt immer so erzogen, dass mir meine Eltern gesagt haben, du heiratest `n Türken. Was anderes nicht. Was anderes werden wir nicht akzeptieren. Also so unge-

fähr haben sie das natürlich gesagt. (...) und das hat
sich halt immer so ergeben, dass dann irgendwie, dass ich
dann auch persönlich eigentlich immer so auf dunkle Typen
stand. Also so dunkle Augen und dunkle Haare, und dat waren nun mal meistens immer nur Türken oder Araber." (1538
- 1558).

Nailes Vater richtet bezüglich der Partnerwahl ambivalente Verhaltenserwartungen an seine Tochter: Er möchte einerseits die Norm der vorehelichen Jungfräulichkeit erfüllt sehen und untersagte ihr deshalb eine Zweierbeziehung. Naile und ihr Freund haben ihre Beziehung daher auch zunächst
vor den Eltern geheim gehalten. Gleichzeitig möchte der Vater auf eine
traditionelle, von den Eltern vermittelte Eheschließung verzichten und
wünscht, dass Naile ihren Partner selbst wählt. Damit eröffnet sich für
Naile ein Handlungsdilemma, das sie nur lösen kann, indem sie ihre Zweierbeziehung zunächst vor dem Vater verschweigt. Als Nailes Vater von
ihrer Beziehung erfährt, inszeniert er eine Sanktionssituation, die aus Nailes Perspektive unerwartet milde ausfällt.

„Nee, bis mich dann mein Vater irgendwann erwischt hat
und mich mitten in der Nacht aufgeweckt hat, Naile komm
runter zur Küche, wir müssen reden.((lacht)) Um zwölf Uhr
nachts, oder um ein Uhr morgens oder so. (...) Und ähm
(3), ich fing an zu heulen. Und er dann, wieso heulst du
denn? »mit weinerlicher Stimme« Ich hab Angst, dass du
mich gleich anmeckern wirst und so, aber war gar nicht
der Fall. Ja dann meinte er, hast du Fotos, dann bin ich
noch schnell nach oben gegangen, Fotos geholt, dann ist
irgendwann auch meine Mutter runter gekommen zur Küche,
(...) zeigt er meiner Mutter, hier guck mal, willst deinen Schwiegersohn sehen ((lacht)), zeigt er ihr, zeigt er
ihr dann so die Bilder, ich so, oh ((lacht)). Ja. War eigentlich ganz locker." (Interview Naile 201 - 262).

Naile und ihr Freund haben sich nach der „Enthüllung" ihrer Beziehung in
Kenntnis der beiden Herkunftsfamilien verlobt. Naile betont im Interview,
sie und ihr Freund hätten in der Zeremonie der Verlobung auf traditionelle
Rituale verzichtet.

„wir wollten nicht diese blöde traditionelle Sache machen, er hat mir einfach zu unserem ersten Jahr `n Hei-
ratsantrag gemacht, mir `n Ring geschenkt, und hat den
selben Ring hat er dann auch für sich geholt, also so"
(Interview Naile 116 - 121).

Allerdings wird der „offizielle" Teil der Verlobung, an dem dann auch die
beiden Herkunftsfamilien beteiligt sind, noch folgen.

„So die richtige Verlobung, die wird ja ablaufen wenn
jetzt irgendwie seine Familie zu mir kommt und Hand halten, und einfach nur unter der Familie. Klar kann man
auch die Verlobung richtig groß feiern, aber das wollen
wir nicht. Wir haben uns dann dafür entschieden, dass wir
denn die Verlobung einfach nur, das macht man ja immer
bei dem Mädchen zu Hause, dass er dann einfach zu mir
kommt, Hand halten, Ringe ranmachen, jaja `n bißchen
quatschen, hier und da, über Gott und die Welt und die
Zukunft der Kinder" (Interview Naile 123 - 134).

Durch die Verlobung haben Naile und ihr Freund die Möglichkeit, sich
auch in der vorehelichen Phase ihrer Zweierbeziehung mit dem Einverständnis der Eltern zu treffen. Naile darf ihren Freund allerdings nicht ohne
Erlaubnis der Eltern mit in die elterliche Wohnung bringen.

„ich kann ihn nicht einfach nach Lust und Laune nach Hause mitbringen, ähm, er war ja auch nur bis jetzt drei- o-
der viermal bei uns, er war mal hier weil ihn mein Vater
eingeladen hat, einmal weil wir hier dann irgendwie das
türkische Fest hatten, wo dann sozusagen die jüngeren
Leute den Älteren die Hand mit küssen[62], ja, da war er
da, und dann irgendwann wieder, da haben sie sich mal
draußen getroffen und dann kam er spontan mal wieder,
hat ihn mein Vater mitgebracht" (Interview Naile 903 -
913).

Naile orientiert sich in der Form ihrer Zweierbeziehung an den elterlichen
Erwartungshaltungen, es stellt sich jedoch heraus, dass ihre Partnerwahl
durchaus nicht uneingeschränkt den väterlichen Vorstellungen entspricht.
Nailes Vater hat ein negativ geprägtes Bild arabischer Männer, das Naile
sogar teilweise übernimmt. Im Interview wird deutlich, dass sie ihre Zweierbeziehung möglicherweise aufgegeben hätte, hätte der Vater ihre Partnerwahl nicht akzeptiert.

„ich muss auch mal sagen, ich hab auch immer weiter gedacht. Wenn ich jedesmal `n Freund hatte, hab ich auch
immer weiter gedacht, so, was ist, wenn`s wirklich dann
wirklich äh weiter geht, wenn `s wirklich in die Zukunft
geht und es dann noch so weit kommt, dass wir heiraten o-
der so. Deshalb hab ich das gleich von Anfang an immer
vermieden. (...) Und, ähm, mit meinem Freund war`s auch
so. In den ersten zwei, drei Monaten hab ich auch echt
lange überlegt, ob ich nicht Schluss machen soll.

I: Hmhm, warum?

---

62  seker bayrami (Zuckerfest) – Fest zum Ende des Fastenmonats Ramadan

Naja, weil er ja Araber ist. Weil ich immer gesagt habe,
oh Gott, das wird, werden so Probleme irgendwie kommen,
ich werd so viele Probleme haben, so er Araber und ( ),
aber mein Vater hat auch schlechte Erfahrungen gemacht
mit Arabern" (Interview Naile 1627 - 1652).

Gleichzeitig ist Nailes Partnerwahl eines arabischen Freundes, der insbesondere auch im „äußeren Erscheinungsbild" nicht dem Bild eines „türkischen Moslems" entspricht („er sieht aus wie ein Deutscher, er
ist halt blond, grüne Augen, er sieht gar nicht aus wie `n
Araber", Interview Naile 209 - 211), die maximal mögliche Rebellion gegen die elterlichen Vorstellungen, die ihr möglich ist, ohne mit
dem Vater in ernsthafte Konflikte zu geraten. Da ihr Freund zwar kein Türke, aber „zumindest" praktizierender Moslem ist, kann der Vater ihre Wahl
mit Einschränkungen akzeptieren. Allerdings äußert er Naile gegenüber
anhaltend Bedenken bezüglich ihrer Zweierbeziehung mit einem Mann a-
rabischer Herkunft, indem er (möglicherweise fiktive) Beispiele geschei-
terter Beziehungen zwischen Partnern türkischer und arabischer Herkunft
anführt.

„Ich hör mir eigentlich bis heute immer noch immer an so,
ja, und Araber und Türken, und zwei verschiedene Kulturen, meistens trennen sie sich, ob `s nach zehn Jahren
ist, nach zwanzig Jahren, nach dreissig Jahren, irgendwann trennen sie sich eh immer, er nimmt halt immer nur
die Beispiele, die er dann selber kennt." (Interview Naile 262 - 269).

### Reyhan (23) und Azime (24) – Handlungsmuster B

Auch Reyhan und Azime wählen einen Partner nichttürkischer Herkunft.
Dies führt in ihrem Handlungsmuster nicht zu innerfamilialen Konflikten,
denn die jungen Frauen thematisieren ihre Zweierbeziehungen gegenüber
ihren Familien nicht. Gleichzeitig ist ihre Partnerwahl jedoch auch als Ursache des Handlungsmusters zu verstehen, das nicht allein eine von der
Familie erwartete Heirat in die unbestimmte Zukunft verlagert, sondern
auch an der Konfliktvermeidung über eine „adäquate Partnerwahl" orientiert ist.

Die Strategie des Verschweigens hat allerdings auch Konsequenzen für die
Zweierbeziehung. Beide Frauen entziehen sich bewusst ethnischen Netzwerken und leben trotzdem in permanenter Sorge um „Entdeckung".

„Aber ich hab's auch irgendwie klargestellt, dass wenn
ich mit ihm in Kreuzberg rumlaufe oder in Neukölln, dass
ich nicht gerade eng umschlungen, Hand in Hand oder knut-

schend da irgendwie sein möchte." (Interview Azime 991-996).

Die Erwartungshaltungen von Azimes Vater beziehen sich explizit auf eine innerethnische Heirat seiner Tochter.

„Äh. ich glaube, auf jeden Fall Türke, hätte er gerne. Also am liebsten auch noch irgendwie, also das war früher immer so, (...) dass mir dann gesagt wurde: Ja, am liebsten einer aus'm Dorf und so, das wär voll toll, oder irgendwie einen meiner Cousins oder so." (Interview Azime 234 - 240).

Der Wunsch des Vaters, dass Azime einen türkischen Mann aus seinem Herkunftsdorf heiraten soll, bezieht sich auf die hohe Migrationsaspiration junger türkischer Männer, die Azime und ihren Schwestern (die die deutsche Staatsangehörigkeit besitzen) bei Besuchen im Dorf Heiratsanträge machen, weil sie sich eine Heiratsmigration nach Deutschland erhoffen (vgl. Fallrekonstruktion Azime). Offenbar ist der Vater in seinem Heimatdorf dem sozialen Druck des Netzwerks ausgesetzt, die Migration der Männer durch eine Heirat mit einer seiner Töchter zu ermöglichen. Azimes Vater gibt diese Erwartungshaltung auch an seine Töchter weiter und Azime äußert, sie hätte überlegt, den Wunsch eines Cousins nach einer „Scheinheirat" zu erfüllen um „ihm einen Gefallen zu tun". Sie hat sich aber mit Rücksicht auf eigene Nachteile dagegen entschieden.

„Ja, der [Freund] fände das nicht so, so toll, ich hab ihm das auch mal erzählt, aber das ((lacht)), und außerdem BaföG und so, also ich hätte keine Lust, dass es mir irgendwelche Probleme einhandelt."(Interview Azime 1588 - 1599).

Azime hat sich letztlich gegen die Erwartungshaltungen des familialen Netzwerks in der Türkei gegen eine transnationale Heirat entschieden. Auch ihr Vater hat offenbar keinen weiteren Druck ausgeübt. Azime zieht allerdings in Erwägung, in der Zukunft zumindest den väterlichen Wunsch nach einer innerethnischen Heirat zu erfüllen, die auch für sie mit Vorteilen verbunden wäre.

„ich mein, deine Eltern geben ihr Leben lang Geld auf Hochzeiten aus, das, das ist ja immer sowas wie eine Leihgabe, die du, wenn du heiratest, zurück kriegst. Und auch wieder anderen weitergeben mußt. Und ich meine, wenn du das dann unterbrichst, dann sehen die [Eltern] das ja, ähm, auch als, als Ungerechtigkeit, dadurch, dass die echt jahrelang Geld ausgegeben haben, und jetzt bist du dran, und kriegst kein Geld." (Interview Azime 1142 - 1151).

Größere Geldgeschenke bei türkischen Hochzeiten haben die Funktion von innerfamilialen, intergenerationalen Transferleistungen, die die Funktion eines im Herkunftsland der Eltern fehlenden Sozialversicherungssystems erfüllen (vgl. Kalaycioglu/Rittersberger-Tilic 1997: 526). In der Migrationssituation werden die kollektiven Transferleistungen häufig traditional fortgeführt[63]. Azime würden diese interfamilialen „finanziellen Leistungen" bei einer „nichttürkischen Hochzeit" entgehen. Auch wird deutlich, dass Azime eine eheliche Legitimation spätestens dann für unumgänglich hält, wenn sie ihre gelebte Sexualität dem Vater gegenüber nicht länger verschweigen kann.

> „aber vielleicht wird es [eine Hochzeit] mal irgendwie so
> kommen. Also für mich eigentlich nicht, aber ich würd ja
> auch mal gern Kinder haben, und dafür sollte ich, also
> jetzt für meinen Vater oder so, heiraten." (Interview A-
> zime 196 - 200).

Bei beiden Frauen kündigt sich auch in Bezug auf ihre Zweierbeziehungen eine Lösung aus dem aktuellen Handlungsmuster an. Azime wird sich möglicherweise in der Zukunft für eine (innerethnische) Heirat entscheiden und damit die väterlichen Erwartungshaltungen erfüllen. Reyhan äußert im Interview, dass sie ihren Freund bei einem Gartenfest den Pflegeeltern vorstellen will (vgl. Fallrekonstruktion Reyhan). Sie wählt einen öffentlichen Kontext, weil sie die Reaktion ihres Pflegevaters fürchtet. Ihre Entscheidung zur Konfrontation weist jedoch auf einen möglichen Wechsel ins Handlungsmuster der Ablösung hin.

### Mehtap (28) und Filiz (30) – Handlungsmuster C

Für Filiz gab ihre erste Zweierbeziehung den Anlass zur Loslösung vom Elternhaus und den Normvorstellungen ihres Vaters. Filiz wollte als Achtzehnjährige den Silvesterabend mit ihrem Freund verbringen, der Vater verbot ihr jedoch auszugehen. Daraufhin zog Filiz noch am selben Abend aus der elterlichen Wohnung aus und lebte von dort an mit ihrem Freund in einer gemeinsamen Wohnung.

> „das war, ah, `ne ganz blöde Situation, ich wollte Sil-
> vester mit meinem Freund verbringen. Mein Vater hat ge-
> sagt, NEIN, also da hat kein Koranvers geholfen, nichts
> (...) ich hab gesagt, nee, ich will aber gehen, und er

---

63 Dies kann neben dem traditional-rituellen Hintergrund auch in der Migrationssituation einen ökonomischen Zweck erfüllen: Zwar sind Migranten türkischer Herkunft in Deutschland in ein leistungsfähigeres Sozialversicherungssystem eingebunden als in der Türkei, der sozioökonomische Status vieler türkischer Migranten ist jedoch angesichts fehlender Bildungsabschlüsse und beruflicher Qualifikationen prekär (vgl. Hillmann 1999, Bender et al. 2000 ).

meinte, so lange du hier wohnst, musst du das machen, was
ich sage. Gut dachte ich, hab ich meine Koffer gepackt
und bin dann raus, und meine Geschwister, hab ich gesagt,
die sollen das dann aus`m Fenster raus schmeissen, ich
hätte das dann hier hinten abgeholt, und das haben sie
dann auch gemacht, denen war`s nicht so bewusst. Und dann
war ich draussen." (Interview Filiz 235 - 247).

Filiz war sich der Unterstützung und Solidarität ihrer Mutter und ihrer Geschwister sicher und konnte so sie ihren Lebensentwurf auch gegen die
Vorstellungen des Vaters durchsetzen.

„und kurz darauf hin hab ich, hab ich aber dann Kontakt
aufgenommen zu meiner Mutter, und auch zu meinem Bruder
sowieso und äh die wussten dann Bescheid" (Interview Filiz 250 - 253).

Filiz suchte einige Monate später gemeinsam mit ihrem Freund die elterliche Wohnung auf und forderte eine Versöhnung und die Akzeptanz der
Eltern bezüglich ihres Lebensentwurfs ein.

„und sechs Monate später hab ich dann, bin ich einfach
auch nach Hause gegangen mit meinem Freund. Und meine
Mutter hatte am Anfang, als sie das erste Mal meinen
Freund kennen gelernt hat, hatte sie Berührungsängste,
weil eine türkische Frau hat noch nie einem Afrikaner die
Hand gegeben und hat sich dann erschreckt und meinte
neinnein, ich will wieder zurück, ich meinte nein, du
bleibst jetzt hier und gibst ihm auch deine Hand, das
will ich so haben, hat sie gemacht, ja. Und hat gesehen,
huch, ist ja auch Fleisch und Blut, und ist gar nicht so
schlimm ja, Angst vor dem Fremden." (Interview Filiz 255
- 267).

Filiz Vater forderte zunächst die eheliche Legitimation der Zweierbeziehung ein. Als Filiz ihn ihrerseits auf seine Rolle in dem von ihm gewünschten traditionalen Familienmodell hinweist, zieht er seine Forderung
jedoch zurück.

„Und hat dann aber danach immer gesagt, na ihr müsst
jetzt heiraten. Ihr müsst jetzt heiraten, dass war für
ihn sehr wichtig. Und dann hab ich ihm gesagt, naja, mach
uns, finanziere uns `ne Hochzeit, liebend gerne, und dann
hat er nie wieder darüber gesprochen" (Interview Filiz
276 - 282).

Für Filiz ist ihr abrupter „Ausbruch" jedoch bis heute auch mit Schuldgefühlen gegenüber ihren Eltern verbunden.

„Da war ich weg, ich weiss dann im Nachhinein, das war
die schlimmste Silvesterfeier für meine Eltern gewesen"
(Interview Filiz 247 - 250).

Filiz Partnerwahl kann auf einer hermeneutischen Interpretationsebene
auch als Rebellion gegenüber den Normvorstellungen des Vaters verstanden werden. Filiz beschreibt, dass ein Mann afrikanischer Herkunft innerhalb des ethnischen Netzwerks (ihrer Eltern) einen explizit geringen sozialen Status hat. Filiz Partnerwahl fällt dabei kaum zufällig auf einen Mann,
der für den Vater als der inadäquateste Partner erscheint.

„wir nehmen uns das Recht, wir Türken, zu sagen, ok, wir
werden hier in Deutschland nicht so gut angenommen, ja,
diese Einstellung haben wir. Aber dann sagen wir, aber es
gibt ja noch was Schlimmeres als die Türken, das sind
dann die Afrikaner, weil die Haut ist dann `n Ton dunk-
ler, also das ist dann, die betrachten die Afrikaner als
`n Mensch dritter Klasse, während wir dann zweite Klasse
sind, ne, so betrachten die das, und das war dann für sie
[die Eltern] halt schwierig, die [türkischen Netzwerkmit-
glieder] meinten dann immer, wie konntest du dein Kind
denn `nem Afrikaner geben" (Interview Filiz 771 - 783).

Mehtap hatte bis vor kurzem eine Zweierbeziehung mit einem deutschen
Mann. Mehtaps Familie akzeptierte ihren Partner, insbesondere Mehtaps
Mutter erwartete jedoch eine eheliche Legitimation der langjährigen Beziehung. Mehtap hat zu ihrem Vater, der in der Türkei lebt, keinen Kontakt.
Hier wird deutlich, dass nicht allein Väter eine eheliche Legitimation der
Zweierbeziehung ihrer Töchter wünschen. Inwiefern der Wunsch der Mutter bezüglich einer Heirat Mehtaps u.U. auch an Erwartungshaltungen anderer (männlicher) Familienmitglieder gebunden ist, lässt sich aus dem Interview heraus nicht klären. Möglicherweise konnte Mehtap ihre Zweierbeziehung jedoch nur deshalb offen leben, weil der Vater nicht präsent ist.

Mehtap beschreibt im Interview, dass sie sich bereits vier Jahre vor der eigentlichen Trennung aus der Beziehung lösen wollte. Mehtaps Handlungsmuster ist offenbar durch die in ihrer Kindheit erfahrene Stigmatisierung
ihrer Mutter im ethnischen Netzwerk geprägt, der diese aufgrund ihrer
Scheidung ausgesetzt war (vgl. Kapitel 4.2.1).

„So, dass ähm, irgendwie eigentlich mein Vater versagt
hat, aber die Schuld meiner Mutter übertragen wurde. Weil
sie war ja diejenige, die die Scheidung eben ausgeführt
hat, die Vollziehende sozusagen." (Interview Mehtap 494 -
498).

Sie übernimmt die von ihrer Mutter erfahrene Angst vor Statusverlust im
ethnischen Netzwerk zunächst in ihr Handlungsmuster und erhält über Jah-

re eine Zweierbeziehung aufrecht, in der sie sich nicht mehr wohl fühlt. Sie erfüllt die von ihrer Familie erwartete Legitimation ihrer gelebten Sexualität jedoch nicht und löste sich vor kurzem aus ihrer langjährigen Beziehung. Dieser Schritt basiert auf einem langjährigen Prozess, in dem Mehtap ihre individualisierten Vorstellungen letztlich über die ihrer Familie stellt.

„also das waren viele Sachen, die auf dich eingewirkt haben, und wo du dich dann selber irgendwo von befreien MUSST irgendwie, wo du dann sagst, ja, das ist egal, du kannst dann trotzdem nicht irgendwie mit dem Menschen dann irgendwas, also heiraten oder Kinder kriegen, nur weil du meinst, du bist das deiner Familie irgendwie schuldig oder dem Rest oder keine Ahnung. Und das hat auch echt lange gebraucht, also dass man sich loslösen kann von dem Ganzen." (Interview Mehtap 1001 - 1011).

Mehtap konnte ihren Trennungswunsch ihrer Familie gegenüber allerdings nicht offen vertreten. Sie lässt ihre Familie bis heute in dem Glauben, ihr Freund hätte die Trennung initiiert.

„Und ich äh, ich, ich hab dann gesagt, als wir uns getrennt haben, dann hab ich`s auch meiner Familie dann sofort gesagt, (2) und ähm, (2) also meine Mutter hat dann gesagt, ja, warum, also es war aber nicht so, dass man irgendwie Terror gemacht hat, also überhaupt nicht. Das fand ich echt gut, dass man mich in Ruhe gelassen hat einfach. Weil ich hab natürlich auch im Unklaren gelassen, was eigentlich passiert ist richtig. So dass die dann dachten, so ja, die arme Verlassene, so nach dem Motto." (Interview Mehtap 1011 - 1022).

Die Partnerwahl der jungen Frauen ist im Handlungsmuster der Anpassung stark an den elterlichen Normvorstellungen orientiert. Gül verzichtet auf eine Zweierbeziehung, auch weil die Eltern ihr dies nahelegen. Naile orientiert sich insbesondere in der Form der Zweierbeziehung an den Vorstellungen der Eltern, sie wird demnächst heiraten. In ihrer Partnerwahl rebelliert sie gegen die väterlichen Vorstellungen, jedoch nicht in einer Weise, die zum Bruch in der Tochter-Vater-Beziehung führt.

Im Handlungsmuster des Verschweigens ist die Partnerwahl individualisierter, die Frauen führen Zweierbeziehungen, in denen der Partner ihre Vorstellungen an ein partnerschaftliches Beziehungsmodell erfüllt. Gleichzeitig blockiert das Handlungsmuster jedoch die Zweierbeziehung, denn die Frauen können „Schwellen-Wendepunkte" (Lenz 1998) im Verlauf der Zweierbeziehung wie eine gemeinsame Haushalts- oder Familiengründung oder auch eine Heirat mit ihrem Partner nicht bewältigen. Bei beiden Frauen gibt es jedoch Hinweise auf eine Lösung aus dem aktuellen Handlungs-muster: in Richtung Anpassung (Azime) und in Richtung Ablösung (Rey-han).

Auch im Handlungsmuster der Ablösung ist die Partnerwahl der Frauen primär an individualisierte Vorstellungen gebunden. Beide Frauen sind je-doch auch mit Schuldgefühlen gegenüber ihren Familien belastet, die Er-wartungshaltungen an eine Heirat oder einen türkischen Schwiegersohn nicht erfüllt zu haben. In beiden Fällen ist die Vater-Tochter-Beziehung gestört bzw. abgebrochen, allerdings bereits bevor die Frauen in dieses Handlungsmuster wechselten. Unter dieser Perspektive erscheint eine Ab-lösung von elterlichen Erwartungshaltungen bezüglich der Partnerwahl und Form der Zweierbeziehung bei Frauen, die eine überwiegend positiv er-lebte Tochter-Vater-Beziehung aufweisen, erheblich erschwert und un-wahrscheinlich.

Die von türkischen Eltern in verschiedenen Studien geäußerte Akzeptanz einer interethnischen Heirat der Töchter (vgl. BMFSFJ 2000: 84, vgl. Bleich/Witte/Durlanik: 10) widerspricht den vorliegenden Ergebnissen. Die Eltern der hier befragten Frauen formulieren gegenüber ihren Töchtern im-plizit oder explizit die Erwartung einer innerethnischen Heirat. Auch die u.a. von Straßburger (2001) festgestellte Tendenz zum innerethnischen Heiratsverhalten kann im Hinblick auf die Partnerwahl der befragten Frau-en hier nicht bestätigt werden: Die jungen Frauen haben ein überwiegend negativ geprägtes Bild von Männern türkischer Herkunft. Auch im Gegen-satz zu den Ergebnissen von Bleich/Witte/Durlanik (2000) wählen die Frauen in der vorliegenden Untersuchung bewusst *keinen* Partner türki-scher Herkunft. Insbesondere diese Diskrepanz in den Untersuchungser-gebnissen mag mit der Überrepräsentanz hoher Bildungsabschlüsse bei den hier befragten Frauen zusammen hängen, die eine emanzipatorische Haltung vermutlich unterstützen.

Offenbar sind die Frauen, die explizit eine interethnische Partnerwahl be-vorzugen, auch eher nicht an einer ehelichen Legitimation interessiert und werden somit auch nicht in Heiratsstatistiken erfasst. Dies erscheint beson-ders im Handlungsmuster der Ablösung plausibel, da hier ohnehin bereits eine weit gehende Distanzierung zu den elterlichen Vorstellungen statt ge-funden hat. Bei den Frauen im Handlungsmuster des Verschweigens bleibt abzuwarten, in welche Richtung sich das derzeitige Handlungsmuster zu-künftig entwickeln wird. Fällt eine Heiratsentscheidung, so ist diese mögli-cherweise eher mit einer innerethnischen Partnerwahl verbunden, was Straßburgers Ergebnisse dann wiederum bestätigen würde.

Die Partnerwahl hängt zudem auch mit sexuellen Handlungsmustern zusammen, die im vorliegenden Kapitel zunächst unberücksichtigt geblieben sind. Im folgenden Kapitel werden die Handlungsorientierungen der jungen Frauen im Bereich der Sexualität analysiert.

## 4.4 Sexualität

Was ist das Soziale an der Sexualität? fragt Lautmann (2002) in der Einleitung zu seinem Buch „Soziologie der Sexualität" und verdeutlicht damit das Interesse der Soziologie an diesem Themenbereich. Sexualität als Forschungsthema ist innerhalb der Sozialwissenschaften lange vernachlässigt und in der Wissenschaft meist im Rahmen biologischer, medizinischer oder psychoanalytischer Fragestellungen untersucht worden. In den letzten Jahren beschäftigt sich auch die Soziologie zunehmend mit Sexualität als einer Form sozialen Handelns (vgl. u.a. Schmerl et al. 2000, Lautmann 2002, Runkel 2003, Schmidt 2003)[64]. Für eine soziologische Auseinandersetzung mit Sexualität ist insbesondere das Modell der „sexuellen Skripte" interessant (vgl. Simon/Gagnon 1986 und 2000, s. auch Schmidt 2003: 31ff), das Sexualität als sozial konstituiertes und kulturell geprägtes Phänomen versteht, das über soziale Lernprozesse erworben und damit als über den gesamten Lebensverlauf veränderbar gilt (vgl. ebd.). Schmidt (2003) definiert sexuelle Skripte als „kulturspezifische Bilder und Vorstellungen darüber, was Sexualität ist, wie und wann wo und mit wem sie stattfinden soll" (vgl. ebd.: 32).

Sexualität hat im Zuge des gesellschaftlichen Wandels und der Pluralisierung von Familien- und Zweierbeziehungsmodellen einen erheblichen Bedeutungswandel erfahren (vgl. Lenz 1998: 92ff). Während voreheliche Sexualität im bürgerlichen Familienmodell moderner westlicher Gesellschaften insbesondere für Frauen bis in die fünfziger und sechziger Jahre mit einer Stigmatisierung verbunden war, hat sich die normative Verbindung von Sexualität und Ehe mittlerweile entkoppelt. Die „voreheliche Phase" der Zweierbeziehung hatte im bürgerlichen Familienmodell (zumindest „nach außen") asexuell zu sein, wohingegen sich sexuelle Interaktionen in heutigen Zweierbeziehungen auf den Anfang der Aufbauphase verlagert haben[65] (vgl. ebd.). Lenz (1998: 94) beschreibt Sexualität als den einzigen „Schwellen-Wendepunkt" in den Verlaufsphasen von Zweierbeziehungen,

---

64 In diesem Zusammenhang sei insbesondere auf die Studie von Schmidt (2003) verwiesen, in der sich die Autorin mit sexuellen Einstellungs- und Handlungsmustern jüngerer Frauen beschäftigt.

65 Und nicht notwendigerweise ist eine sexuelle Interaktion überhaupt an den Beginn einer Zweierbeziehung geknüpft.

der im Verlauf einer Zweierbeziehung gegenüber den anderen Wende-
punkten (Haushaltsgründung, Heirat, Wirtschaftsgemeinschaft und Familiengründung) nicht variabel – und darüber hinaus auch nicht optional ist.

Desweiteren haben sich in den sexuellen Skripten auch traditionale Geschlechterverhältnisse gewandelt, wie Giddens (1993) in seinem Modell
der „reinen Beziehung" und „modellierbaren Sexualität" beschreibt. Der
Wandel zur „Verhandlungsmoral" (Schmidt 2000) impliziert, dass nicht
länger bestimmte sexuelle Handlungen mit einem Stigma behaftet sind,
sondern gesellschaftlich akzeptiert ist, was unter gleichberechtigten Partnern ausgehandelt wird (vgl. ebd.: 269).

Die Egalisierung von Geschlechterbeziehungen in persönlichen Beziehungen kann allerdings insbesondere aus empirischer Perspektive nicht opti-
mistisch verklärt werden – das Konzept des „doing gender" scheint offenbar eher ein wissenschaftstheoretisches als ein faktisches Phänomen zu sein
(vgl. Lenz 2001: 183). Jamieson (2003) weist in diesem Zusammenhang
auf die Persistenz geschlechtsspezifischer Muster und Rollenverteilungen
auch in heutigen Zweierbeziehungen moderner Gesellschaften hin.

Die vergleichsweise weit gehende Zurückhaltung der Sozialwissenschaften
gegenüber dem Themenbereich der Sexualität manifestiert sich auch in der
Migrantinnenforschung, zumindest ist mir keine Untersuchung bekannt, die
sich explizit mit sexuellen Skripten von Frauen türkischer Herkunft beschäftigt.

Erkenntnisse aus der sexualpädagogischen Beratungspraxis können nicht
den Stellenwert wissenschaftlicher Untersuchungsergebnisse einnehmen,
sie liefern jedoch einige Hinweise auf Tendenzen im Sexualverhalten junger Frauen türkischer Herkunft (vgl. Aktas 2000[66]). Aus Erfahrungen der
Beratungspraxis ist laut Aktas die voreheliche Virginität für den überwiegenden Teil der weiblichen Migrantinnen mit muslimischem Hintergrund
handlungsrelevant (vgl. ebd. 159f). Interessant ist in diesem Zusammenhang, dass offenbar auch die männlichen Jugendlichen muslimischer Herkunft in den Beratungen zum überwiegenden Teil angeben, dass die Jungfräulichkeit der Frau für sie die grundlegende Voraussetzung für eine eheliche Zweierbeziehung ist (vgl. ebd.: 160)[67]. Die jungen Frauen beziehen

---

66 Der Beitrag basiert auf mehrjährigen Erfahrungen der Autorin in der sexualpädagogischen Beratungspraxis bei Pro Familia in Berlin. Die Autorin berät v.a. weibliche
   Jugendliche mit muslimischem Hintergrund und hat durch die Arbeit mit Schul-
   klassen unterschiedlicher Schultypen einen recht breiten Erfahrungshintergrund.

67 Die männlichen Jugendlichen mit muslimischem Hintergrund äußern hingegen
   mehrheitlich, dass sexuelle Beziehungen im Jugendalter für sie selber als selbstverständlich gelten (vgl. ebd.).

sich in ihren Ängsten, Befürchtungen und Handlungsmustern also auf durchaus reale Erwartungshaltungen potentieller Ehemänner. Nach Einschätzung der Autorin erfüllt der überwiegende Teil der jungen Frauen die Norm der Virginität, dabei wird die Norm teilweise mit Stolz auf die Jungfräulichkeit verteidigt, teilweise erfüllen die jungen Frauen die Norm primär, um ihren Status und ihre Heiratschancen im ethnischen Netzwerk nicht zu verlieren (vgl. ebd.). Problematisch erscheint in diesem Kontext insbesondere, dass die strikte Norm der vorehelichen Jungfräulichkeit bei jungen Mädchen nicht selten ein abgespaltenes Verhältnis zum eigenen Körper und zur eigenen Sexualität zur Folge hat (vgl. ebd.: 163ff, siehe auch Kayir 1991), die sich u.a. in einer Fixierung auf die Intaktheit des Jungfernhäutchens ausdrückt. Von vielen weiblichen Jugendlichen wird die Norm jedoch offenbar zunehmend auch als ungerecht kritisiert (vgl. ebd.). An dieser Stelle wird deutlich, dass empirische Studien zum Umgang junger Frauen türkischer Herkunft mit ihrer Sexualität fehlen, um eine genauere und wissenschaftlich fundierte Bestandsaufnahme zu gewährleisten.

Der beschriebene Stellenwert von Sexualität in den Verlaufsphasen von Zweierbeziehungen in modernen Gesellschaften beleuchtet nochmals, in welcher Weise die jungen Frauen türkischer Herkunft mit konträren Erwartungshaltungen konfrontiert sind. Das Familienleitbild und die Sexualmoral der Eltern folgt bei allen befragten Frauen den normativen Prinzipien des bürgerlichen Familienmodells. Unter dieser Voraussetzung ergibt sich der Zeitpunkt des ersten sexuellen Kontakts der Frau aus dem Zeitpunkt ihrer Eheschließung. Damit wählt sie den ersten Sexualkontakt allenfalls insoweit selbst, als sie den Zeitpunkt der Eheschließung selbst oder zumindest mit bestimmen kann. Das bedeutet, dass die jungen Frauen sich zu einem relativ frühen Zeitpunkt im Lebensverlauf mit dauerhafter Perspektive an einen Partner binden müssen, wenn sie eine Zweierbeziehung und ihre Sexualität leben wollen. Andererseits, und das ist im Kontext der vorliegenden Studie primär relevant, bedeutet die Norm der vorehelichen Jungfräulichkeit auch, dass eine Frau, die nicht verheiratetet ist, unabhängig von ihrer Position im Lebensverlauf und ihres Lebensalters im Grunde keine sexuelle Beziehung eingehen darf.

Die im Rahmen dieser Studie befragten Frauen sind zum Zeitpunkt der Befragung ausnahmslos *nicht* verheiratet. Vor dem Hintergrund der Verhaltensnormen, die sich auf die Logik des Ehrbegriffs (vgl. Kapitel 2.2.1) stützen, kommt dies einem - innerhalb des ethnischen Netzwerkes - gesellschaftlichen Verbot ihrer Sexualität bzw. einer Stigmatisierung gleich, sollte die gelebte Sexualität „öffentlich" bekannt werden[68]. Die befragten

---

68 Dieser „Verdacht" wäre beispielsweise bei einer bestehenden Zweierbeziehung naheliegend.

Frauen orientieren sich jedoch mehrheitlich an Verlaufsmodellen von Zweierbeziehungen, wie sie innerhalb der Aufnahmegesellschaft gelebt werden und entkoppeln in ihren Lebensentwürfen Sexualität und Heirat.

Wie die befragten Frauen die Diskrepanz zwischen den Verhaltenserwartungen des ethnischen Netzwerks, den Optionen der Aufnahmegesellschaft und ihren eigenen Vorstellungen bewältigen, soll in diesem Kapitel anhand der Interviews dargestellt werden.

### Naile (22) und Gül (19) – Handlungsmuster A

Während Naile in der Zeit vor ihrer Verlobung einer strikten väterlichen Kontrolle unterlag, hat sich diese seit ihrer Verlobung gelockert. Die Restriktionen des Vaters gehen nur noch so weit, wie die Kontrolle des ethnischen Netzwerks reicht: Ihre Eltern tolerieren, dass sie sich außerhalb der elterlichen Wohnung mit ihrem Freund trifft und sich auch in seiner Wohnung aufhält. Die Eltern gehen offenbar sogar davon aus, dass Naile ihre Sexualität bereits lebt.

> „Und können sie sich auch nicht vorstellen, dass ich noch Jungfrau bin, also die sagen sich dann auch immer so, ach komm und so, du gehst immer zu dem nach Hause, na, willste mir klarmachen, dass ihr da nichts treibt" (Interview Naile 982 - 986).

Offenbar ist das Heiratsversprechen für die Eltern Anlass, dass sie die Sexualität ihrer Tochter nun – allerdings unausgesprochen – tolerieren könnten. An diesem Beispiel zeigt sich erneut, dass die Erwartung der vorehelichen Virginität primär an eine äußere Norm gebunden ist: So lange Naile nicht in der elterlichen Wohnung mit dem Freund allein ist (die soziale Kontrolle des ethnischen Netzwerks ist hier in Gestalt des Onkels präsent, der in der Wohnung nebenan wohnt), nehmen die Eltern vor dem Hintergrund der vereinbarten Heirat auch Nailes Sexualität in Kauf. Naile selber hat die Norm der vorehelichen Jungfräulichkeit internalisiert und in ihren Lebensentwurf integriert. Möglicherweise ist dies ein Effekt der Migrationssituation: Für Nailes Eltern ist die voreheliche Virginität eine von außen gesteuerte Normvorstellung, die, wenn die Heirat vereinbart ist, unausgesprochen umgangen werden kann (vgl. dazu auch Kapitel 2.2.1). Für Naile ist sie in der durch ihre Eltern vermittelten Sozialisationserfahrung zu einer Werthaltung geworden, die sie im Interview auch recht prompt präsentiert. Erstaunlicherweise findet Naile für sich jedoch keine rationale Begründung, bis zur Ehe Jungfrau zu bleiben, und legitimiert die geforderte Virginität daher über das romantische Liebesideal.

> „Einfach meinem zukünftigen Mann das zu schenken, also das Wertvollste sozusagen an mir ihm zu schenken. Ihm das

zu geben. (2) Ansonsten seh ich eigentlich keinen Grund
dafür, eigentlich würde ich es auch tun, so ach, komm mal
her ((lacht)), von mir aus im Fahrstuhl oder sonst irgendwo ((lacht)). Ja, aber einfach nur der Gedanke. Ja,
wie schon gesagt, weil ich mir bei meinem Freund sicher
bin, da würd ich`s eigentlich tun. Aber da wir uns beide
jetzt irgendwie festgelegt haben und (3) und so scharf
bin ich ja nun darauf auch nicht, ich meine, da ich das
Gefühl ja nicht kenne, ist es ja nicht etwas, was ich
vermisse. (Interview Naile 1107 - 1120).

Naile wechselt hier in ihrer Äußerung perspektivisch mehrmals zwischen
ihren eigenen Wünschen und der sozialen Norm, die sie partiell internalisiert hat. Letztendlich kommt sie zu dem Schluß, Sexualität sei ihr im
Grunde nicht so wichtig, schließlich kenne sie „das Gefühl" ja nicht. Diese
Aussage erscheint insofern zweifelhaft, als dass sie sexuelles Verlangen
nicht als ein generell vorhandenes Bedürfnis beschreibt, sondern als ein
„Gefühl" dass quasi erst durch eine sexuelle Interaktion *ausgelöst* wird.
Naile vergleicht Sexualität mit einer Sucht, der sie aufgrund ihrer bisheri-
gen Abstinenz (noch) nicht „verfallen" ist. Aus dieser Perspektive erscheint
Sexualität als etwas Negatives, Unberechenbares, vor dem man sich nur
durch konsequente Abstinenz „schützen" kann.

„Ich kenne das Gefühl nicht, ist ja genauso wie beim Rauchen. Ich mein, ich weiss ja auch nicht wie das Rauchen
ist, weil ich ja nie geraucht habe. (...) Ein Mensch der
das jetzt, also ich kann mir das selber so erklären, ein
Mensch der das ein Mal gemacht hat, das Gefühl kennt und
ihm das Gefühl gefallen hat, äh, will es dann natürlich
noch mal tun." (Interview Naile 1121 - 1131).

Naile befindet sich hier in einem inneren Konflikt, sie hat den Wunsch, ihre
Sexualität zu leben, kann sich in ihren Wünschen jedoch nicht von den
Verhaltenserwartungen des Vaters lösen, die sie im Laufe ihrer Sozialisati-
on internalisiert hat. Sie rechtfertigt ihre Jungfräulichkeit mit der romanti-
sierten Vorstellung einer lebenslangen, monogamen Ehe, der zufolge sie
nur mit einem, und zwar dem „richtigen" Mann schlafen möchte. Die ro-
mantisierte Vorstellung dient der eigenen Legitimation der geforderten
Virginität. Sie überdeckt den Bevormundungscharakter der im Rahmen des
Ehrbegriffs geforderten vorehelichen Jungfräulichkeit und verleiht dem von
Elternseite erwarteten Beziehungsmodell eine positive Konnotation, die an
ein Motiv aus dem Bereich des Märchens, das „Warten auf den Prinz", erinnert. Dass Naile sich die Sexualität mit ihrem Freund im Grunde
wünscht, kann sie in der Interviewsituation formulieren, wenn auch nur
unter der hypothetischen, konstruierten Situation des „drohenden Todes".

„Aber, wenn ich wüsste, dass ich jetzt irgendwie noch einen Tag zu leben habe, dann würd ich`s tun. Um zu wissen,
so, ik will ja nicht irgendwie auf die andere Welt kommen, ik will ja nicht sterben ohne zu wissen, so Mann,
wie war`n das, was is`n das für`n Gefühl, das will ich
auch mal wissen. ((lacht)) Ja.‟ (Interview Naile 1074 -
1081).

Dies unterstreicht, dass Sexualität für Naile einen zentralen Stellenwert
einnimmt, als etwas, das man „im Leben erlebt haben muss". Vor der Ehe
ist dies jedoch offenbar allenfalls im Angesicht des Todes möglich, denn
wenn man „hinterher" ohnehin sterben muss, sind offenbar auch die Sanktionen des sozialen Netzwerks und des Vaters außer Kraft gesetzt.

Auch bei Gül orientieren sich die elterlichen Erwartungshaltungen an der
Norm der vorehelichen Jungfräulichkeit. So löst bei Gül die Vorstellung,
dass ihr Vater von vorehelicher Sexualität erfahren könnte, in der Interviewsituation eine stark emotionale Reaktion und Abwehrhaltung aus:

„Also das [voreheliche Sexualität] würd ich auf gar keinen Fall erzählen, also meinem Vater, ich glaube (2) er
würde total (2) kollabieren, ((kichert)), ich weiss es
nicht, also, das ist wirklich so `ne Sache halt äh, sie
sind zwar offen, aber was DIESEN Punkt angeht, es ist
mehr in ihrem Denken so, nicht vor der Ehe.‟ (Interview
Gül 2401 - 2407).

Gül hat der elterlichen Vorstellung bisher entsprochen, sie verzichtet sogar
auf eine Zweierbeziehung (vgl. Kapitel 4.3), denn sie kann das Dilemma
zwischen der elterlichen Vorstellung einer ehelich legitimierten Sexualität
und ihrer eigenen Ablehnung einer Heirat derzeit nicht lösen. Ihr Verzicht
auf eine Zweierbeziehung impliziert bei Gül derzeit auch einen Verzicht
auf Sexualität.

**Reyhan (23) und Azime (24) – Handlungsmuster B**

Reyhan und Azime leben ihre Sexualität beide in einer Zweierbeziehung,
die sie vor ihren Eltern konsequent verschweigen. Tochter und Eltern befinden sich auch hier in einem unausgesprochenen Konflikt in der Bewertung des Stellenwerts von Sexualität und Jungfräulichkeit. Sie inszenieren
ein gegenseitig akzeptiertes „Tabu der Thematisierung" von Zweierbeziehungen und Sexualität, das zwei Funktionen erfüllt: ein ohnehin (scheinbar) unlösbarer Konflikt muss nicht verhandelt werden und die sozialen
Beziehungen zwischen Eltern und Tochter können (relativ) unbeeinträch-
tigt aufrecht erhalten werden (vgl. auch Cil 2000:134).

Azime rechtfertigt die Strategie des Verschweigens ihrer Zweierbeziehung mit der vom Vater erwarteten Norm der vorehelichen Jungfräulichkeit:

> „Na ja, das Erste ist natürlich Sex, also hundertprozentig (Interview Azime 721f)."

Beiden Frauen ist jedoch eine selbstbestimmte Sexualität wichtig und gehört als impliziter Bestandteil ihrer Zweierbeziehungen zu ihren Lebensentwürfen. Die Frauen orientieren sich damit am Stellenwert der Sexualität in Zweierbeziehungsmodellen innerhalb der Aufnahmegesellschaft (vgl. Lenz 1998: 92ff).

> „Also ich denke, man sollte seinen Partner schon vorher in allen Lagen irgendwie mal gekannt haben, also ich meine, plötzlich, also stell dir vor, du heiratest dann so'n Typen und dann merkste, der ist so voll der Eklige, Perverse oder, oder, was weiss ich, der hat 'n kleinen Stummelschwanz, mit dem du gar nichts anfangen kannst, und mit dem sollst du dein Leben lang, nä. Auf keinen Fall. Ist ja auch, ich meine, bestimmte Nähe, ähm, die du dann vor, vor der Ehe nicht aufbauen kannst." (Interview Azime 783 - 793).

Für Reyhan war ihre Sexualität während ihrer Adoleszenz nicht an den Beginn einer Zweierbeziehung geknüpft. Sie konnte aufgrund der Restriktionen ihres Pflegevaters keine Zweierbeziehung führen, und schaffte sich mit Unterstützung ihrer Brüder (vgl. Kapitel 4.2.2) Handlungsfreiräume, in denen sie auch ihren Wunsch nach Sexualität realisieren konnte.

> „Und dann hab ich aber irgendwie so (3) `n ganz eigenen Weg gewählt, dass ich innerhalb der Woche in K. [Wohnort der Pflegeeltern, Berlin] `n ganz braves Schulmädchen war und, hm, die Wohnung meiner Brüder so`n bisschen, ausgenutzt hab und meiner Narrenfreiheit am Wochenende, und dafür dann auch DOPPELT so aufgedreht hab wie andere Jugendliche in dem Alter, und alles viel zu früh und viel zu extrem gemacht hab" (Interview Reyhan 289 - 298).

Reyhan spielt hier auf ihre während ihrer Adoleszenz häufig wechselnden Sexualkontakte zu deutlich älteren Männern an.

> „bloß dass ich äh schon recht früh Kontakt zu älteren Männern hatte, was wahrscheinlich durch den ganzen Vaterquatsch bei mir kommt ((lacht)) und da hab ich mir schon recht früh Aufmerksamkeit bei älteren Männern geholt" (Interview Reyhan 345 - 349).

Reyhan hat ihre Sexualität als Jugendliche eher zwanghaft als entspannt gelebt. Sie bezog sich in ihrem sexuellen Skript auf ihren (Pflege)vater, möglicherweise aus einer betonten Oppositionshaltungen gegenüber seinen rigiden Erziehungshaltungen und/oder in erhoffter Anerkennung seitens einer Vaterfigur. Reyhan lebt ihre Sexualität derzeit innerhalb ihrer Zweierbeziehung. Sie berichtet im Interview jedoch, dass sie in Konfliktsituationen mit ihrem Freund auf ihr adoleszentes Handlungsmuster zurück greift (vgl. auch Fallrekonstruktion Reyhan, s. Anhang).

### Mehtap (28) und Filiz (30) – Handlungsmuster C

Auch Mehtap und Filiz leben ihre Sexualität entgegen den elterlichen Erwartungshaltungen nicht innerhalb einer *ehelichen* Zweierbeziehung.

Für Mehtap hat die Norm der vorehelichen Jungfräulichkeit keine persönliche Bedeutung. Sie grenzt sich in diesem Zusammenhang betont von Frauen türkischer Herkunft ab, die ihre Sexualität verheimlichen (müssen).

```
„Ich bin offener. Ich bin ehrlich, ich bin MIR ehrlich
gegenüber, und ich bin offen. Und ich rede darüber. Ich
tu aber nicht so wie die [anderen Frauen türkischer Her-
kunft] das machen, »ahmt nach« haa, haa, `n Mann hab ich
nur von fünfhundert Metern Ferne gesehen `und haben dann
trotzdem irgendwie mit jemandem geschlafen oder haben ei-
nen Freund hintereinander, verstehste, und das find ich
halt immer so unehrlich und das find ich zum Kotzen."
(Interview Mehtap 835 - 844).
```

Für Mehtap ist jedoch ein „modifizierter Ehrbegriff" (vgl. auch Atabay 2002: 135ff) handlungsleitend, der sich nicht auf die Erfüllung einer äußeren, sozial kontrollierten Norm, sondern auf einen „bewussten" Umgang mit der Anzahl der Sexualpartner bezieht. Allerdings stellt sich heraus, dass auch in Bezug auf ihre Sexualität die Meinung ihrer Mutter nicht nebensächlich ist.

```
„es ist ja auch nicht so, dass ich irgendwie mit jedem
Typen schlafe, oder, um Gottes Willen, sie [die Mutter]
weiss das schon, dass ich sehr (1) bewusst lebe und auch
verantwortungsbewusst um Gottes Willen, es ist, das mein
ich ja, das ist genau der Gegensatz, ICH habe auch noch
meine Tradition, ich habe auch noch meine Schamhaftig-
keit, die andere Türkinnen, auch wenn mit Kopftuch, schon
längst verloren haben." (Interview Mehtap 815 - 823).
```

Mehtap ist mit einem Frauenbild türkischer Männer konfrontiert, durch das sie sich mit ihrem gewählten Lebensstil und ihrer gelebten Sexualität abgewertet sieht.

```
„Und das find ich halt echt immer so tragisch, es heisst
nicht, weil ich äh kein Kopftuch trage, dass ich einen
```

hintereinander irgendwie, keine Ahnung, äh so, und das
wird dann halt schon meistens damit irgendwie vermittelt,
ist egal ob du jetzt `n Rock anhast, der etwas kürzer
ist, das ist ja immer noch in den Augen einiger Türken
so, ja, Schlampe, oder sonstiges, oder ist leicht zu haben, und das ist halt echt zum Kotzen, und hier in Berlin
ist es echt ähm ganz schön krass, find ich." (Interview
Mehtap 857 - 868).

Mehtap kann sich von diesen Zuschreibungen türkischer Männer nicht
vollständig lösen, sie äußert zum Thema „Kopftuch" eine Haltung, in der
sie die normative, männliche Perspektive der Verführung des Mannes
durch die Frau partiell übernommen hat[69].

„Und ich meine das Aufreizende, nur weil du `n Kopftuch
hast, aber geschminkt bist, und `n enges Oberteil, ich
meine sorry, aber. Ich glaube das provoziert dann doch
noch mehr Gelüste als wie wenn du halt nackelig durch die
Gegend läufst ((lacht))." (Interview Mehtap 848 - 855).

Auch Filiz lebt ihre Sexualität als selbstverständliche Implikation ihrer
Zweierbeziehungen. Sie erlebt den Stellenwert von Sexualität im ethni-
schen Netzwerk und innerhalb der Aufnahmegesellschaft als polarisierte
Orientierungen, zwischen denen sie ihre Haltung positioniert.

„Also ich find schlimm, dass ein deutsches Mädchen sich
beeilen muss, sich schnell entjungfern lassen muss, damit
sie nicht ausgelacht wird. Und ich finds umso schlimmer,
dass ein Mädchen warten muss, bis sie dann heiratet, damit sie das mal kosten kann. Also es gibt da nicht mehr
dies ähm, auch wieder so`n Mittelding, wo sie dann sagt,
oh, jetzt mit achtzehn bin ich soweit, ich könnte, muss
weder dies einhalten noch dies einhalten, ich will das
weil ich das will. Das ist heute irgendwie verschwun-
den."(Interview Filiz 1346 - 1357).

In der Erziehung ihrer beiden Töchter will sie daher einen selbstbestimmten, an den individuellen Einschätzungen der Mädchen orientierten Umgang mit Sexualität vermitteln und erwartet von ihren Töchtern eine ver-
trauensvolle Haltung.

„Also, ich werd denen nicht einreden, weiss nicht, dass
sie Jungfrau bleiben müssen bis sie heiraten, ich werd
denen einfach das mit auf den Weg geben, wenn sie der
Meinung sind, äh das lohnt sich dann für den Freund, weil

---

69  Diese Perspektive impliziert zugleich ein (männliches) Männerbild, das den Mann
    als wehrlos und der Verführungskraft der Frau willenlos ausgesetzt betrachtet. Dies
    hat u.a. die Funktion, dass die Männer für ihre Sexualität keine Eigenverantwortung
    übernehmen müssen.

```
das muss ja auch was Schönes sein, ja, man muss ja nicht
unbedingt damit man schnell äh, es sind ja, es ist ja
auch was mit äh, mit Schmerzen verbunden, also, ich werd
die aufklären, und dann ähm (2) dann verlass ich mich
drauf, dass sie dann zu mir kommen wenn`s soweit ist und
sagen, Mama, was muss ich jetzt machen, wo krieg ich dann
die Pille oder so" (Interview Filiz 1376 - 1388).
```

Filiz deutet die soziale Kontrolle, die männliche familiale Netzwerkmitglieder über die Sexualität türkischer Frauen ausüben, nicht primär negativ.
Sie erlebt das gesellschaftliche Verbot der vorehelichen Sexualität insbesondere in Abgrenzung zu den wahrgenommenen Modalitäten innerhalb
der Aufnahmegesellschaft als „Schutz" der Mädchen vor einer zu frühen
Sexualität.

```
„also bei den deutschen Familien, kann ich jetzt auch nur
so aus meiner Kindheit erzählen, in der Schule ähm wurden
die Mädchen dann, waren so vierzehn, fünfzehn, oder heute
immer noch, ist, mit vierzehn ist es schon `ne Schande zu
sagen ich bin Jungfrau, also da ist dann ähm (3) da muss
es so schnell wie möglich passieren, dass sie keine mehr
sind, also das sind halt ganz andere Wert-, Werte und
Normen so. Bei uns wird die Frau, das Mädchen behütet und
aufgepasst so" (Interview Filiz 1252 - 1262).
```

Auch Herwartz-Emden/Westphal (2000) berichten, dass Jugendliche türkischer Herkunft den „Schutz" und die „elterliche Sorge" innerhalb der Herkunftsfamilie insbesondere in Abgrenzung zu deutschen Familien positiv
betonen (vgl. ebd.: 249). Es ist zu vermuten, dass auch sie sich hier partiell
auf das Ehrkonzept beziehen.

Auch Mehtap bezieht sich in ihren Handlungsmustern auf die ehrgeleiteten
Normen des ethnischen Netzwerks. Sie hat ihre Sexualität innerhalb ihrer
langjährigen Zweierbeziehung gelebt und konnte sich trotz ihres Tren-
nungswunsches mehrere Jahre nicht aus der Beziehung lösen, da ihre Familie eine eheliche Legitimation der langjährigen Beziehung erwartete.
(vgl. Kapitel 4.3).

```
„Das war aber auch eben, weisste, diese, diese Gefühle so
der Familie gegenüber, du musst dich vor allen rechtfer-
tigen, weil die ja auch so hmhmhm, und dann wussten die
natürlich auch, dass du dann Sex hattest" (Interview Meh-
tap 996 - 1001).
```

Hier wird deutlich, dass sich auch Frauen im Handlungsmuster der Ablösung nicht jenseits des Bezugssystems des Ehrkonzepts oder notwendigerweise in strikter Oppositionshaltung zu ihm befinden. Sie nehmen die Verhaltenserwartungen, die diesbezüglich an sie herangetragen werden, zu-

mindest graduell an und verleihen ihnen einen Sinn, der auch ihre Rolle innerhalb dieses Bezugsystems rechtfertigt.

Für die befragten Frauen im Handlungsmuster der Anpassung ist eine selbstbestimmte voreheliche Sexualität nicht möglich. Beide Frauen orientieren sich an den elterlichen Erwartungshaltungen und verzichten auf ihre Sexualität. Sie haben die Norm der Jungfräulichkeit weit gehend internalisiert und legitimieren ihre Virginität über das romantische Liebesideal (Naile) bzw. ein „generelles Desinteresse" an Zweierbeziehungen (Gül).

Die Frauen im Handlungsmuster des Verschweigens leben ihre Sexualität, ohne sie (derzeit) ehelich legitimieren zu wollen. Sie widersetzen sich den elterlichen Erwartungshaltungen dabei nicht offen und müssen eine teilweise relativ distanzierte Tochter-Eltern-Beziehung in Kauf nehmen, in der ein wesentlicher Bereich im Lebensentwurf der Tochter, ihre Zweierbeziehung, nicht thematisiert werden kann.

Die Frauen im Handlungsmuster der Ablösung leben ihre Sexualität mit Wissen ihrer Herkunftsfamilien auch ohne eheliche Legitimation. Sie haben den Ehrbegriff zu einer individualisierten Version umgedeutet und positionieren sich dabei gegen Modelle der weiblichen Sexualität innerhalb der Aufnahmegesellschaft (Filiz) bzw. des ethnischen Netzwerks (Mehtap). Beide Frauen haben sich kürzlich aus ihren langjährigen Zweierbeziehungen gelöst, in denen sie erstmals auch (mit Wissen ihrer Familien) ihre Sexualität gelebt haben. Es bleibt nun abzuwarten, welches Handlungsmuster sie vor dem Hintergrund einer neuen Zweierbeziehung wählen werden, ob möglicherweise ein erneuter Konflikt mit den Eltern bezüglich des Modells der „seriellen Monogamie" (vgl. Schmidt 2000: 272) erfolgen wird, oder ob die Frauen eine neue Zweierbeziehung (zunächst) verschweigen werden.

Sexualität in heterosexuellen Beziehungen wird im Rahmen feministischer Debatten unter dem Aspekt der (Re-)Produktion gesellschaftlicher Geschlechterverhältnisse und Machtbeziehungen diskutiert (zur Übersicht vgl. Ott 2000). Vor diesem Hintergrund trägt die Norm der vorehelichen Virginität insbesondere zur Stabilisierung patriarchaler Beziehungsmuster und Geschlechterverhältnisse bei. Die Lösung der Frauen von den Normvorstellungen des ethnischen Netzwerks ist insofern primär auch an eine Auseinandersetzung mit der eigenen Sexualität gebunden.

# 5 ZUSAMMENFASSUNG DER ERGEBNISSE

Die Analysen der Netzwerkbeziehungen, Partnerwahl und Sexualität junger Frauen türkischer Herkunft entwerfen ein facettenreiches Bild, das Widersprüche und Konsistenzen in den Lebensentwürfen der jungen Frauen, bewältigte und unbewältigte Ablösungsprozesse von den Herkunftsfamilien gleichermaßen verdeutlicht.

In allen Interviews sind signifikante Diskrepanzen zwischen den Lebensentwürfen der jungen Frauen und den geschilderten Erwartungshaltungen ihrer Eltern nachweisbar: Die Eltern der befragten Frauen wünschen sich mehrheitlich einen türkischen Schwiegersohn sowie eine Heirat der jungfräulichen Tochter. Die Mehrheit der hier befragten Frauen allerdings lehnt die von den Eltern erwarteten Lebensverlaufsmuster und insbesondere auch eine innerethnische Partnerwahl ab, da sie in einer Zweierbeziehung mit einem Partner aus dem ethnischen Netzwerk ein hierarchisches Geschlechterverhältnis befürchten.

Im Vergleich der analysierten Interviews kristallisieren sich in Bezug auf die Bewältigung der jeweils aktuellen Lebenssituationen Handlungsmuster der „Anpassung", des „Verschweigens" und der „Ablösung" heraus. Die typisierten Bewältigungsmuster sind dabei nicht als statische Orientierungen, sondern als idealtypische, veränderbare Phasen in den Lebensverläufen der jungen Frauen zu betrachten. Die geschlechtsspezifischen Beziehungen zu Eltern und Geschwistern haben in oft entscheidender Weise Einfluss auf die Lebensverläufe der jungen Frauen im Bereich der Partnerwahl und Sexualität.

Im Handlungsmuster der „Anpassung" konnte eine Ablösung von den familialen Erwartungshaltungen (noch) nicht erfolgen. Die Frauen orientieren sich in ihrer Partnerwahl und Sexualität primär an ehrgeleiteten Norm- und Wertvorstellungen ihrer Familien und des ethnischen Netzwerks. Auch hier lassen sich Veränderungsprozesse in den Norm- und Wertvorstellungen der jungen Frauen gegenüber ihren Eltern feststellen. Die intergenerationalen Unterschiede bestehen hier allerdings nicht in einer wesentlichen *inhaltlichen* Modifikation der ehrgeleiteten Verhaltensnormen, sondern in der Transformation von verhaltenssteuernden Normen zu einer identitätsstiftenden Werthaltung. Normen, die Angehörige der ersten Generation vor allem sichtbar für das ethnische Netzwerk befolgen (und die unter bestimmten Umständen versteckt umgangen werden können, wie zum Beispiel heimliche Treffen miteinander Verlobter), werden von den jungen Frauen primär aus einer inneren Werthaltung heraus begründet (s. die

Norm der Jungfräulichkeit). Aus den zeitlich entzerrten Lebensverläufen urbanisierter Lebenszusammenhänge ergeben sich dann spezifische Problemlagen für die jungen Frauen: Wenn die Frauen sich an den Statuspassagen der Elterngeneration orientieren, ist dies oft mit einer (innerethnischen) Heirat zu einem relativ frühen Zeitpunkt im Lebensverlauf der jungen Frau verbunden. Eine Orientierung an den Lebensverlaufsmustern der Aufnahmegesellschaft, die v.a. durch verlängerte Ausbildungszeiten gekennzeichnet sind, bedeutet für die Frauen im Handlungsmuster der Anpassung einen Verzicht auf Sexualität und auf eine Zweierbeziehung – oftmals über die Adoleszenz hinaus (vgl. Gül und Naile).

In den Handlungsmustern des „Verschweigens" und der „Ablösung" werden individualisiertere Lebensverläufe realisiert, die Frauen leben hier insbesondere ihre Sexualität auch ohne eheliche Legitimation. Im Handlungsmuster des Verschweigens nutzen die Frauen die verlängerten Ausbildungszeiten gegenüber ihren Familien als Rechtfertigung, um eine Heirat in eine vorläufig unbestimmte Zukunft verschieben zu können. Dieses Handlungsmuster kann insbesondere von Frauen in privilegierten Bildungssituationen gewählt werden, die aufgrund verlängerter Ausbildungszeiten gegenüber ihren Familien rechtfertigen können, unverheiratet in räumlicher Trennung von der Familie zu leben. Hier wird deutlich, dass diese Strategie oft jenen Frauen vorbehalten bleibt, die sowohl die individuellen als auch die strukturellen Möglichkeiten einer über die Adoleszenz hinausgehenden Ausbildung aufweisen.

Bestehende Zweierbeziehungen werden im Handlungsmuster des Verschweigens von den Frauen bis ins mittlere Erwachsenenalter konsequent vor den Eltern verschwiegen. Die Frauen fürchten für den Fall einer Entdeckung ihrer gelebten Sexualität den Verlust familialer Bindungen, insbesondere der Tochter-Vater-Beziehung. In diesem Handlungsmuster sind die Verlaufsphasen der Zweierbeziehungen und zentrale Entwicklungsaufgaben innerhalb dieser an entscheidender Stelle blockiert. Durch das Verschweigen der Zweierbeziehung werden Ablösungsprozesse von der Herkunftsfamilie, die zur Stabilisierung der Zweierbeziehung und zur Gründung einer Eigenfamilie notwendig sind, erheblich erschwert. Eine gemeinsame Haushaltsgründung mit dem Partner und auch eine Integration von Herkunftsfamilie und der Zweierbeziehung kann zunächst nicht realisiert werden. Die Frauen in diesem Handlungsmuster befinden sich insofern in besonderem Maße in „interkulturellen Zwischenwelten" (vgl. Gemende 2002), als dass sie die Diskrepanz zwischen den Erwartungshaltungen der Eltern und ihren eigenen Wünschen (noch) nicht bewältigen konnten. Sie verschieben die latent bestehenden Konflikte mit ihren Familien in eine oft unbestimmte Zukunft, was auch dadurch begünstigt wird, dass die Frauen mit ihren Familien, insbesondere mit ihren Vätern, keine Modi der Aushandlung etablieren konnten (vgl. Kapitel 2.2.1). Aus diesem Handlungsmuster heraus erscheint sowohl eine spätere Orientierung an den Erwartungen der Familie (Handlungsmuster Anpassung) als auch eine Ablösung möglich.

Auch im Handlungsmuster der Ablösung leben die Frauen ihre Sexualität ohne eheliche Legitimation, allerdings mit dem (impliziten oder expliziten) Wissen der Familien. Dies ist jedoch nur in Verbindung mit einer erheblich gestörten oder fehlenden Tochter-Vater-Beziehung möglich. Auch hier haben die Frauen Schuldgefühle gegenüber ihren Familien zu bewältigen, die oftmals eine „nachträgliche" eheliche Legitimation der bereits gelebten Sexualität einfordern.

Insgesamt sind bei allen Frauen Emanzipationsprozesse gegenüber den in den Interviews beschriebenen Lebensverläufen und Einstellungen ihrer Mütter festzustellen. Deutlich wird jedoch, dass Ablösungs- und Individuationsprozesse der jungen Frauen durch die Persistenz ehrgeleiteter Normvorstellungen bzw. durch Retraditionalisierungstendenzen im ethnischen Netzwerk oft erheblich erschwert werden.

Die beschriebenen Handlungsmuster werden nun noch einmal im Überblick und in typisierter Form dargestellt (vgl. Tabelle). Die typisierten Handlungsmuster verlaufen dabei nicht notwendigerweise in der dargestellten Reihenfolge oder gehen zwangsläufig sukzessiv auseinander hervor. Keine der befragten Frauen „passt" in ihren Handlungsorientierungen und Lebensentwürfen deckungsgleich in eines der Handlungsmuster, diese sind vielmehr als idealtypische, variable und optionale Phasen im Lebensverlauf zu betrachten und lassen theoretisch wie empirisch unterschiedliche lineare und zirkuläre Verläufe zu. Die folgende Übersicht stellt die typisierten Handlungsmuster unter Berücksichtigung der sozialen Netzwerke, Familienbeziehungen, der Partnerwahl und Sexualität der befragten Frauen dar.

# Netzwerkbeziehungen und typisierte Handlungsmuster

| | ANPASSUNG (A) | VERSCHWEIGEN (B) | ABLÖSUNG (C) |
|---|---|---|---|
| **SOZIALE NETZWERKE** | | | |
| Sozialisationsumfeld | intraethnisch | deutsch | multiethnisch |
| Freundschaftsbeziehungen | intraethnisch | deutsch | multiethnisch |
| Positionierung zum ethnischen Netzwerk | Integration | Distanzierung | Distanzierung |
| Positionierung zum Herkunfts- und Aufnahmekontext | ethnisch zentriert („Identifikation mit Subkultur") | dichotomisierend („Leben in zwei Welten") | integrativ („Interkulturelle Zwischenwelten") |
| **FAMILIENBEZIEHUNGEN** | | | |
| elterliche Erwartungshaltung | voreheliche Virginität, intraethnische Heirat | voreheliche Virginität, intraethnische Heirat | voreheliche Virginität/ eheliche Legitimation |
| Mutter | utilitaristisch-emotionale Bindung, Akzeptanz patriarchaler Rollenmodelle | Akzeptanz patriarchaler Rollenmodelle | emanzipatorisches Vorbild |
| Vater | normativ- bzw. formal- autoritär | normativ- bzw. formal- autoritär | autoritär-resignativ |
| Schwester | solidarisch | solidarisch | solidarisch |
| Bruder | Stellvertreterprinzip | solidarisch | solidarisch |
| Wohnform | elterlicher oder ehelicher Haushalt | an Herkunftsfamilie gebunden (Geschwister) | pluralisiert |
| **SEXUALITÄT** | | | |
| Ehrkonzept | traditional, internalisiert | normgeleitet, formal | individualisiert |
| intimes Handeln | vorehelich abstinent | verdeckt | offen |

| | ANPASSUNG (A) | VERSCHWEIGEN (B) | ABLÖSUNG (C) |
|---|---|---|---|
| PARTNERWAHL UND ZWEIERBEZIEHUNGEN | | | |
| Partnerwahl | erwartungskonform | individualisiert | individualisiert |
| Form der Zweierbeziehung | lebenslange, monogame Ehe | nichteheliches living-apart-together | pluralisiert |
| Geschlechterbeziehung in Zweierbeziehung | traditional- hierarchisch | partnerschaftlich | partnerschaftlich |
| HANDLUNGSORIENTIERUNG | KONFLIKTVERMEIDUNG | KONFLIKTVERMEIDUNG UND (PARTIELLE) INDIVIDUALISIERUNG | INDIVIDUALISIERUNG |
| Legitimation des Handlungsmusters | romantisches Liebesideal | Sanktions- und Konfliktvermeidung | Selbstbestimmung |
| negative Handlungsrelevanz | Verlust familialer Bindungen, Statusverlust im ethnischen Netzwerk | Verlust familialer Bindungen, potentielle Gewalt | Verlust der Selbstbestimmtheit |
| positive Handlungsrelevanz | Aufrechterhaltung familialer Bindungen, Status im ethnischen Netzwerk | Vermeidung von Sanktionen des ethnischen Netzwerks, Aufrechterhaltung familialer Bindungen | Selbstbestimmtheit |
| Handlungskonsequenz | Verzicht auf Selbstbestimmtheit und Eigenverantwortung | keine Integration von Herkunftsfamilie und Zweierbeziehung | Verzicht auf Akzeptanz des Vaters/ u.U. der Familie |

Die Handlungsmuster der Anpassung, des Verschweigens und der Ablösung sind in Studien über weibliche Jugendliche türkischer Herkunft bereits angedeutet worden. Allerdings sind die Entstehungsszenarien, sozialen Implikationen und Konsequenzen dieser Handlungsorientierungen in der bisherigen Forschung meines Wissens nicht explizit untersucht worden, insbesondere nicht in ihrer Verbindung mit den spezifischen Familienbeziehungen der jungen Frauen. Darüber hinaus ist die Manifestierung in sozialen Handlungsmustern und deren Persistenz über die Adoleszenz hinaus meines Erachtens bisher unterschätzt worden[70].

Riesner (1991) hat in ihrer Studie zu den Sozialisationsbedingungen und Lebensentwürfen junger türkischer Frauen der zweiten Generation eine Typisierung entworfen, die die Lebensverläufe der jungen Frauen entlang ihrer „kulturellen" Orientierungen nach „türkisch orientierten", „bikulturell orientierten" und „ausgebrochenen" Frauen kategorisiert. Dieses Konzept weist Parallelen zu den Ergebnissen der vorliegenden Studie auf. Allerdings sind sowohl in der theoretischen Konzeption der Typisierung als auch in den empirischen Ergebnissen Unterschiede zur vorliegenden Untersuchung festzustellen: Insbesondere zeigt sich, dass die von Riesner beschriebenen Orientierungen der Frauen durchaus nicht über den Lebensverlauf stabil sind, sondern dass verschiedene Handlungsmuster oftmals innerhalb *eines* Lebensverlaufs realisiert werden[71]. Die Handlungsorientierungen der Frauen hängen dabei einerseits mit ihren Sozialisationserfahrungen, andererseits mit den jeweils spezifischen Familienkonstellationen zusammen.

Darüber hinaus kann nachgewiesen werden, dass sich die beschriebenen Handlungsorientierungen auch bis ins Erwachsenenalter der befragten jungen Frauen fortsetzen. Die Frauen sind auch nach der Adoleszenz mit der Bewältigung oftmals diskrepanter Handlungsanforderungen und der Integration von eigenen und familialen Vorstellungen konfrontiert. Die Volljährigkeit der jungen Frauen spielt hinsichtlich autonomer Handlungsentwürfe in ihren Familienbeziehungen oftmals eine untergeordnete Rolle. Eine innerfamiliale Aushandlung über konfliktbehaftete Themenbereiche ist auch durch geschlechtshierarchische Familienbeziehungen im Kontext des Ehrkonzepts oftmals blockiert.

Oft ist es für die jungen Frauen eine Gratwanderung zwischen der Realisierung individualisierter Lebensentwürfe und eines Statusverlustes im ethnischen Netzwerk. Primär handlungsleitend sind für die jungen Frauen Befürchtungen, die sich auf den Verlust familialer Bindungen beziehen. Dennoch ist festzuhalten, dass keine der jungen Frauen bereit war, sich in ihren Lebensentwürfen uneingeschränkt nach den elterlichen Normvorstellungen zu richten.

---

70  U.U. ist dies in einer Tendenz zu manchmal allzu optimistischen Einschätzungen in der Migrationsforschung begründet oder auch in der Annahme, über Frauen türkischer Herkunft seien bereits ausreichend empirisch fundierte Erkenntnisse vorhanden.

71  Die wahrscheinliche Verfestigung eines Handlungsmusters im höheren Lebensalter soll unter dieser Perspektive nicht ausgeschlossen werden.

Diskrepante Vorstellungen von Eltern und erwachsenen Töchtern türkischer Herkunft bezüglich der Lebensentwürfe gehen oftmals insbesondere auf Kosten einer vertrauensvollen Vater-Tochter-Beziehung. (Modifizierte) Ehrkonzepte als latente Sinnstrukturen werden hier in den elterlichen Erwartungshaltungen und den auf sie bezogenen Handlungsorientierungen der jungen Frauen gleichermaßen deutlich.

In der vorangegangenen Auswertung der Interviews stellte sich heraus, dass sich bei einigen Frauen Hinweise auf die Ablösung aus dem aktuellen Handlungsmuster abzeichnen. Die Handlungsmuster sind an die jeweiligen Lebensphasen und -situationen gebunden und verändern sich offenbar auch mit dem Lebensalter und den Statuspassagen der befragten Frauen. In der Übersicht der typisierten Handlungsmuster wird unter Berücksichtigung der Positionierungen der jungen Frauen zudem deutlich, dass eine Integration unterschiedlicher Handlungs- und Deutungsorientierungen in das Selbstkonzept der jeweiligen jungen Frau durchaus gelingen kann, jedoch keineswegs selbstverständlich ist.

# 6 AUSBLICK

Undifferenzierte Wahrnehmungen und stereotypisierte Fremdbilder türkischer Frauen können nicht durch eine Negierung kultureller Unterschiede überwunden werden. Im Gegenteil erfordert eine konstruktive, an einer gesellschaftlichen Gleichstellung und Akzeptanz von Migranten orientierte Debatte eine differenzierte Auseinandersetzung mit den Bedingungen und Konsequenzen kultureller Vielfalt. Gleichwohl erfordert die (An)erkennung kultureller Unterschiedlichkeiten einen verantwortungsvollen Diskurs, in dem diese nicht im Sinne von Überlegenheits-Unterlegenheits-Debatten instrumentalisiert werden. „Cultural diversities" werden im Bezugsrahmen monokultureller Gesellschaftsentwürfe und eines impliziten, linearen Integrationsmodells – auch innerhalb der sozialwissenschaftlichen Forschung – nicht selten noch immer als „Defizite" missverstanden.

Gleichzeitig wird deutlich, dass individuenbezogene Handlungsoptionen der jungen Frauen unter widersprüchlichen Verhaltenserwartungen und Rollendefinitionen stark eingeschränkt werden können – eine überwiegend „positive", d.h. für die jungen Frauen in ihr Selbstkonzept integrierbare „Konfliktbewältigung" kann durchaus gelingen, ist allerdings innerhalb eines Lebensverlaufs oft nur schwer realisierbar. Sie bleibt zunächst oftmals Frauen vorbehalten, die über ein hohes Maß an kulturellen und sozialen Ressourcen sowohl im Herkunfts- als auch im Aufnahmekontext verfügen.

Die Emanzipation von Frauen türkischer Herkunft ist „Ehrensache" – sie bedeutet für die Frauen aufgrund der Persistenz ehrgeleiteter Normvorstellungen und aufgrund von Retraditionalisierungstendenzen innerhalb des ethnischen Netzwerks noch immer einen oft konfliktreichen und insbesondere mit dem (potentiellen) Verlust der Vaterbeziehung verbundenen Prozess der Ablösung von der Herkunftsfamilie. Dies ist ein Weg, der nicht allen Frauen gleichermaßen offen steht und den auch nicht alle Frauen gehen wollen. Wie in der vorliegenden Studie deutlich wurde, ist dieser Prozess neben Einflussfaktoren von sozialen und kulturellen Ressourcen insbesondere mit den innerfamilialen Familienkonstellationen verknüpft.

Die jungen Frauen türkischer Herkunft haben im Gegensatz zu den weiblichen Rollenverständnissen ihrer Großmütter und Mütter oft sehr viel selbstbestimmtere Lebensentwürfe realisiert. Keine der hier befragten Frauen ist und war bereit, ihre Zweierbeziehung und ihren Lebensentwurf ausschließlich nach den Vorstellungen ihrer Familie zu organisieren, alle

Frauen haben entsprechend ihrer Rahmenbedingungen Mittel und Wege gefunden, ihre persönliche Emanzipation zu realisieren – und auch in diesem Sinne ist Emanzipation für die Frauen „Ehrensache".

# BIBLIOGRAFIE

Abadan-Unat, Nemin, Hrsg. (1985), Die Frau in der türkischen Gesellschaft. Frankfurt am Main: Dagyeli.

Akashe-Böhme, Farideh (1997), Mädchen zwischen den Kulturen. In: Ehlers, Johanna, Ariane Bentner und Monika Kowalczyk (Hrsg.), Mädchen zwischen den Kulturen. Anforderungen an eine Interkulturelle Pädagogik. Frankfurt am Main: IKO – Verlag für Interkulturelle Kommunikation. 33 - 46.

Akcam, Taner (1999), Der türkische Nationalisierungsprozeß und der Laizismus. In: Jonker, Gerdien (Hrsg.), Kern und Rand. Religiöse Minderheiten aus der Türkei in Deutschland. Berlin: Das Arabische Buch. 115 - 128.

Akkent, Meral und Gaby Franger (1987), Mädchen in der Türkei und in Deutschland. München: DJI Verlag.

Aktas, Nursen (2000), Let`s talk about sex. Erfahrungen und Eindrücke aus einer sexualpädagogischen Beratungsstelle. In: Attia, Iman und Helga Marburger (Hrsg.), Alltag und Lebenswelten von Migranten-Jugendlichen. IKO – Verlag für Interkulturelle Kommunikation. 157 - 171.

Atabay, Ilhami (1998), Zwischen Tradition und Assimilation: die zweite Generation türkischer Migranten in der Bundesrepublik Deutschland. Freiburg im Breisgau: Lambertus.

Attia, Iman und Helga Marburger, Hrsg. (2000), Alltag und Lebenswelten von Migranten-Jugendlichen. Frankfurt am Main: IKO – Verlag für Interkulturelle Kommunikation.

Auhagen, Ann Elisabeth und M. von Salisch, Hrsg. (1993), Zwischenmenschliche Beziehungen. Göttingen.

Auhagen, Ann Elisabeth (1993), Freundschaft unter Erwachsenen. In: Auhagen, Ann Elisabeth und M. von Salisch (Hrsg.), Zwischenmenschliche Beziehungen. Göttingen. 215 - 234.

Ausländerbeauftragte des Senats von Berlin, Die (1990), Deutsche und türkische Jugendliche in wichtigen Fragen einig. Presseerklärung. Senatsverwaltung für Gesundheit und Soziales.

Ausländerbeauftragte des Senats von Berlin, Die (1999), Türkische Berlinerinnen und Berliner. Pressemitteilung. Senatsverwaltung für Arbeit, Soziales und Frauen.

Ausländerbeauftragte des Senats von Berlin, Die (2001), Repräsentativumfrage zur Lebenssituation türkischer Berlinerinnen und Berliner. Pressemitteilung. Senatsverwaltung für Arbeit, Soziales und Frauen.

B., Fatma (2002), Hennamond. Lizenzausgabe für die Bundeszentrale für politische Bildung. Wuppertal: Peter Hammer.

Bade, Klaus J. und Rainer Münz, Hrsg. (2000), Migrationsreport 2000. Fakten – Analysen – Perspektiven. Frankfurt am Main: Campus.

Baumgartner-Karabak, Andrea und Gisela Landesberger (1978), Die verkauften Bräute. Türkische Frauen zwischen Kreuzberg und Anatolien. Reinbek bei Hamburg: Rowohlt Taschenbuch.

Beauftragte der Bundesregierung für Migration, Flüchtlinge und Integration, Die (2004), Daten und Fakten. URL: www.integrationsbeauftragte.de

Beck, Ulrich (1986), Risikogesellschaft. Auf dem Weg in eine andere Moderne. Frankfurt am Main: Suhrkamp.

Bender, Stefan et al. (2000), Migration und Arbeitsmarkt. In: Bade, Klaus J. und Rainer Münz (Hrsg.), Migrationsreport 2000. Fakten – Analysen – Perspektiven. Frankfurt am Main: Campus Verlag.

Berger, Peter L. und Thomas Luckmann (2000), Die gesellschaftliche Konstruktion der Wirklichkeit. Eine Theorie der Wissenssoziologie. 17. Auflage. Frankfurt am Main: Fischer. [orig. 1969].

Bleich, Christiane, Erich H. Witte und Tülay Durlanik (2000), Soziale Identität und Partnerwahl: Partnerpräferenzen von Deutschen und Türken der zweiten Generation. Hamburger Forschungsberichte Nr. 22a.

Bommes, Michael und Jost Halfmann, Hrsg. (1998), Migration in nationalen Wohlfahrtsstaaten: theoretische und vergleichende Untersuchungen. Osnabrück: Rasch.

Böhnisch, Lothar (1994), Männliche Sozialisation. Bewältigungsprobleme männlicher Geschlechtsidentität im Lebensverlauf. 2., korrigierte Auflage. Weinheim, München: Juventa [orig. 1993].

Böhnisch, Lothar und Karl Lenz, Hrsg. (1997), Familien: eine interdisziplinäre Einführung. Weinheim, München: Juventa.

Böhnisch, Lothar (1997), Männlichkeiten und Geschlechterbeziehungen – Ein männertheoretischer Durchgang. In: Brückner, Margrit und Lothar Böhnisch (Hrsg.), Geschlechterverhältnisse. Gesellschaftliche Konstruktionen und Perspektiven ihrer Veränderung. Weinheim, München: Juventa. 39 - 118.

Bös, Mathias (1997), Migration als Problem offener Gesellschaften. Globalisierung und sozialer Wandel in Westeuropa und in Nordamerika. Opladen: Leske+Budrich.

Bourdieu, Pierre (1987), Die feinen Unterschiede. Kritik der gesellschaftlichen Urteilskraft. Frankfurt am Main: Suhrkamp. [orig. 1979].

Brandes, Holger (2002), Eine Frage der Ehre: „Männlichkeit" in unterschiedlichen Kulturen. In: Ders., Der männliche Habitus. Band 2: Männerforschung und Männerpolitik. Opladen: Leske+Budrich. 161 - 174.

Brückner, Margrit und Lothar Böhnisch, Hrsg. (1997), Geschlechterverhältnisse. Gesellschaftliche Konstruktionen und Perspektiven ihrer Veränderung. Weinheim, München: Juventa.

Bundesministerium für Arbeit und Sozialordnung (BMAS), Hrsg. (1993), Zur Lebenssituation und spezifischen Problemlage älterer ausländischer Einwohner in der Bundesrepublik Deutschland. Forschungsbericht 226. Bonn.

Bundesministerium für Familie, Senioren, Frauen und Jugend (BMFSFJ), Hrsg. (2000), Familien ausländischer Herkunft in Deutschland. Leistungen, Belastungen, Herausforderungen. Sechster Familienbericht. Berlin.

Bukow, Wolf-Dietrich und Roberto Llaryora (1993), Mitbürger aus der Fremde. Soziogenese ethnischer Minderheiten. 2., durchgesehene Auflage. Opladen: Westdeutscher Verlag. [orig. 1988].

Cil, Nevim (2000), Überlegungen zum intergenerativen Verhältnis in türkischen Familien im Migrationsprozeß. In: Attia, Iman und Helga Marburger (Hrsg.), Alltag und Lebenswelten von Migranten-Jugendlichen. IKO – Verlag für Interkulturelle Kommunikation. 127 - 138.

Deutsch-Türkisches Symposium – Türk-Alman Sempozyumu, Hrsg. (1999), Ehre und Würde – Seref ve Onur. Hamburg: Edition Körber-Stiftung.

Dietzel-Papakyriakou, Maria (1993), Altern in der Migration. Die Arbeitsmigranten vor dem Dilemma: bleiben oder zurückkehren? Stuttgart: Enke.

Dietzel-Papakyriakou, Maria (1999), Wanderungen alter Menschen. Das Beispiel der Rückwanderungen der älteren Arbeitsmigranten. In: Naegele, Gerhard und Rudolph M. Schütz (Hrsg.), Soziale Gerontologie und Sozialpolitik für ältere Menschen. Opladen: Westdeutscher Verlag. 141 - 156.

Dittmar, Norbert (2002), Transkription. Ein Leitfaden mit Aufgaben für Studenten, Forscher und Laien. Opladen: Leske+Budrich.

Duck, Steve, Hrsg. (1988), Handbook of Personal Relationships. Theory, Research and Interventions. Chicester: Wiley & Sons.

Eberding, Angela (1994), Kommunikationsbarrieren bei der Erziehungsberatung von Migrantenfamilien aus der Türkei. Ergebnisse einer qualitativen Untersuchung. Frankfurt am Main: IKO – Verlag für Interkulturelle Kommunikation.

Ehlers, Johanna, Ariane Bentner und Monika Kowalczyk, Hrsg. (1997), Mädchen zwischen den Kulturen. Anforderungen an eine Interkulturelle Pädagogik. Frankfurt am Main: IKO – Verlag für Interkulturelle Kommunikation.

Elias, Norbert und John L. Scotson (1990), Etablierte und Außenseiter. Frankfurt am Main: Suhrkamp. [orig.1965].

Elias, Norbert (1996), Was ist Soziologie? 8. Auflage. Weinheim, München: Juventa. [orig. 1970].

Esser, Hartmut (1980), Aspekte der Wanderungssoziologie: Assimilation und Integration von Wanderern, ethnischen Gruppen und Minderheiten. Eine handlungstheoretische Analyse. Darmstadt, Neuwied: Luchterhand.

Flick, Uwe, Ernst von Kardorff und Ines Steinke, Hrsg. (2000), Qualitative Forschung. Ein Handbuch. Reinbek bei Hamburg: Rowohlt Taschenbuch Verlag.

Franger, Gaby (1984), Wir haben es uns anders vorgestellt. Türkische Frauen in der Bundesrepublik. Frankfurt am Main: Fischer Taschenbuch Verlag.

Franger, Gaby (1999), Das für uns so fremde Kopftuch. In: Gieseke, Heide und Katharina Kuhs (Hrsg.), Frauen und Mädchen in der Migration. Frankfurt am Main: IKO – Verlag für Interkulturelle Kommunikation. 1 - 15.

Freud, Sigmund (1970a), Drei Abhandlungen zur Sexualtheorie und verwandte Schriften. 9. Auflage. Frankfurt am Main: Fischer. [orig. 1904/1905].

Freud, Sigmund (1970), Die kulturelle Sexualmoral und die moderne Nervosität. In: Ders., Drei Abhandlungen zur Sexualtheorie und verwandte Schriften. Frankfurt am Main: Fischer. 120 - 139. [orig. 1908].

Freud, Sigmund (2000a), Schriften über Liebe und Sexualität. 3., unveränderte Auflage. Frankfurt am Main: Fischer Taschenbuch Verlag. [orig. 1940].

Freud, Sigmund (2000), Der Familienroman der Neurotiker. In: Ders., Schriften über Liebe und Sexualität. 3., unveränderte Auflage. Frankfurt am Main: Fischer Taschenbuch Verlag. [orig. 1909].

Geertz, Clifford (1983), Dichte Beschreibung. Beiträge zum Verstehen kultureller Systeme. Frankfurt am Main: Suhrkamp.

Gemende, Marion (2002), Interkulturelle Zwischenwelten. Bewältigungsmuster des Migrationsprozesses bei MigrantInnen in den neuen Bundesländern. Weinheim, München: Juventa.

Gemende, Marion (2003), Geschlechterbeziehungen in der Migration. Ein vernachlässigtes Forschungsthema. In: Lenz, Karl (Hrsg.), Frauen und Männer. Zur Geschlechtstypik persönlicher Beziehungen. Weinheim, München: Juventa. 251 - 273.

Giddens, Anthony (1993), Wandel der Intimität. Sexualität, Liebe und Erotik in modernen Gesellschaften. Frankfurt am Main: Fischer. [orig. 1992].

Gieseke, Heide und Katharina Kuhs, Hrsg. (1999), Frauen und Mädchen in der Migration. Frankfurt am Main: IKO – Verlag für Interkulturelle Kommunikation.

Goffman, Erving (1993), Stigma. Über Techniken der Bewältigung beschädigter Identität. Frankfurt am Main: Suhrkamp. [orig. 1963, dt. 1967].

Goffman, Erving (1996), Rahmen-Analyse. Ein Versuch über die Organisation von Alltagserfahrungen. Frankfurt am Main: Suhrkamp. [orig. 1974, dt. 1977].

Gutierrez Rodriguez, Encarnacion (1999), Intellektuelle Migrantinnen – Subjektivitäten im Zeitalter von Globalisierung. Eine postkoloniale dekonstruktive Analyse von Biographien im Spannungsverhältnis von Ethnisierung und Vergeschlechtlichung. Opladen: Leske+Budrich.

Günay, Engin (2001), Kultur im Wandel. „Mehrkulturelle Identität" bei Migrationsfolgegenerationen. Bern: Edition Soziothek.

Hays, Robert B. (1988), Friendship. In: Duck, Steve (Hrsg.), Handbook of Personal Relationships. Theory, Research and Interventions. Chicester: Wiley & Sons. 391 - 408.

Hämmig, Oliver (2000), Zwischen zwei Kulturen. Spannungen, Konflikte und ihre Bewältigung bei der zweiten Ausländergeneration. Opladen: Leske+Budrich.

Heller, Erdmuthe und Hassouna Mosbahi (1993), Hinter den Schleiern des Islam. Erotik und Sexualität in der arabischen Kultur. München: Deutscher Taschenbuch Verlag.

Herbert, Ulrich (1986), Geschichte der Ausländerbeschäftigung in Deutschland 1880 - 1980. Saisonarbeiter, Zwangsarbeiter, Gastarbeiter. Bonn: Dietz.

Herwartz-Emden, Leonie und Manuela Westphal (2000), Akkulturationsstategien im Generationen- und Geschlechtervergleich bei eingewanderten Familien. In: Sachverständigenkommission 6. Familienbericht (Hrsg.), Familien ausländischer Herkunft in Deutschland: Empirische Beiträge zur Familienentwicklung und Akkulturation. Materialien zum 6. Familienbericht, Band 1. Opladen: Leske+Budrich. 229 - 271.

Hettlage-Varjas, Andrea und Robert Hettlage (1984), Kulturelle Zwischenwelten. Fremdarbeiter – eine Ethnie? In: Schweizerische Zeitschrift für Soziologie, Heft 10. 357 - 404.

Hillmann, Felicitas (1999), A Look at the „Hidden Side": Turkish Women in Berlin`s Ethnic Labour Market. International Journal of Urban and Regional Research. 268-282.

Hitzler, Ronald und Anne Honer, Hrsg. (1997), Sozialwissenschaftliche Hermeneutik. Eine Einführung. Opladen, Leske+Budrich.

Hoffmann, Klaus (1990), Leben in einem fremden Land: wie türkische Jugendliche `soziale` und `persönliche` Identität ausbalancieren. Bielefeld: Böllert.

Inglehart, Ronald (1989), Kultureller Umbruch. Wertewandel in der westlichen Gesellschaft. Frankfurt am Main, New York: Campus.

Jaeckel, Monika und Annemarie Gerzer-Sass (2000), Zur Situation von Familien ausländischer Herkunft im Spiegel der Praxis. In: Sachverständigenkommission Sechster Familienbericht (Hrsg.), Familien ausländischer Herkunft in Deutschland. Bd. 2. Lebensalltag. Opladen: Leske+Budrich. 185 - 231.

Jamieson, Lynn (2003), Intimität im Wandel? Eine kritische Betrachtung der reinen Beziehung. In: Lenz, Karl (Hrsg.), Frauen und Männer. Zur Geschlechtstypik persönlicher Beziehungen. Weinheim, München: Juventa. 279 - 297.

Jonker, Gerdien, Hrsg. (1999), Kern und Rand. Religiöse Minderheiten aus der Türkei in Deutschland. Berlin: Das Arabische Buch.

Kagitcibasi, Cigdem und Diane Sunar (1997), Familie und Sozialisation in der Türkei. In: Nauck, Bernhard und Ute Schönpflug (Hrsg), Familien in verschiedenen Kulturen. Stuttgart: Enke. 145 - 161.

Kahlweit, Cathrin (2003), Eine Frage der Ehre. In: Süddeutsche Zeitung, 11./12.10.2003.

Kalaycioglu, Sibel und Helga Rittersberger-Tilic (2000), Intergenerational solidarity networks of instrumental and cultural transfers within migrant families in Turkey. In: Ageing and Society, 20. 523 - 542.

Karakasoglu-Aydin, Yasemin (1997), Das Kopftuch gibt mir meine Identität als muslimische Frau zurück. Zum Selbst- und Fremdbild kopftuchtragender Studentinnen in Deutschland. Frauen in der einen Welt 1/1998. 31 - 47.

Karakasoglu-Aydin, Yasemin (1999), Eine Analyse der Reaktionen auf den „Fall Ludin" in der politischen und Medienöffentlichkeit. In: Jonker, Gerdien (Hrsg.), Kern und Rand. Religiöse Minderheiten aus der Türkei in Deutschland. Berlin: Das Arabische Buch. 169 - 186.

Kasten, Hartmut (1998), Geschwisterbeziehungen im Lebenslauf. In: Wagner, Michael und Yvonne Schütze (Hrsg.), Verwandtschaft: sozialwissenschaftliche Beiträge zu einem vernachlässigten Thema. Stuttgart: Enke. 147 - 161.

Kayir, Arsalus (1991), Zu sexuellen Problemen von Frauen. In: Neusel, Ayla et al. (Hrsg), Aufstand im Haus der Frauen. Frauenforschung aus der Türkei. Berlin: Orlanda Frauenverlag. 298 - 312.

Kiral, Filiz (1997), Kulturelle und religiöse Normen und ihre Auswirkungen auf Körperlichkeit bei Mädchen. In: Ehlers, Johanna, Ariane Bentner und Monika Kowalczyk (Hrsg.), Mädchen zwischen den Kulturen. Anforderungen an eine Interkulturelle Pädagogik. Frankfurt am Main: IKO – Verlag für Interkulturelle Kommunikation. 47 - 54.

Klein, Thomas (2001): Partnerwahl und Heiratsmuster. Sozialstrukturelle Voraussetzungen der Liebe. Opladen: Leske+Budrich.

Klinkhammer, Gritt M. (1999), Individualisierung und Säkularisierung islamischer Religiosität: zwei Türkinnen in Deutschland. In: Jonker, Gerdien (Hrsg.), Kern und Rand. Religiöse Minderheiten aus der Türkei in Deutschland. Berlin: Das Arabische Buch. 221 - 236.

König, Karin (1989), Tschador, Ehre und Kulturkonflikt: Veränderungsprozesse türkischer Frauen und Mädchen durch ihre Emigration und ihre soziokulturellen Folgen. Frankfurt am Main: IKO – Verlag für Interkulturelle Kommunikation.

Krasberg, Ulrike (2000), »Bedauernswert frei« oder »geborgen unfrei« ? Zur Wahrnehmung weiblicher Identität im west-östlichen Kulturvergleich. In: Schlehe, Judith (Hrsg.), Zwischen den Kulturen - zwischen den Geschlechtern. Kulturkontakte und Genderkonstrukte. Münster: Waxmann. 53 - 62.

Kroth, Isabella (2003), Scheherazades Töchter. In: Der Tagesspiegel. 29.01.2003.

Lange, Andreas und Wolfgang Lauterbach (2000), Hrsg., Kinder in Familie und Gesellschaft zu Beginn des 21sten Jahrhunderts. Stuttgart: Lucius und Lucius.

Lautmann, Rüdiger (2002), Soziologie der Sexualität. Erotischer Körper, intimes Handeln und Sexualkultur. Weinheim: Juventa.

Lenz, Karl und Lothar Böhnisch (1997), Zugänge zu Familien - ein Grundlagentext. In: Böhnisch, Lothar und Karl Lenz (Hrsg.), Familien: eine interdisziplinäre Einführung. Weinheim, München: Juventa. 9 - 63.

Lenz, Karl (1998), Soziologie der Zweierbeziehung. Eine Einführung. Opladen: Westdeutscher Verlag.

Lenz, Karl (2001), Im ehernen Gehäuse der Kultur. Geschlechterkonstruktion in heterosexuellen Zweierbeziehungen. In: Brückner, Margrit und Lothar Böhnisch (Hrsg.), Geschlechterverhältnisse. Gesellschaftliche Konstruktionen und Perspektiven ihrer Veränderung. Weinheim, München: Juventa. 179 - 207.

Lenz, Karl, Hrsg. (2003), Frauen und Männer. Zur Geschlechtstypik persönlicher Beziehungen. Weinheim, München: Juventa.

Liegle, Ludwig (2000), Geschwisterbeziehungen und ihre erzieherische Bedeutung. In: Lange, Andreas und Wolfgang Lauterbach (Hrsg.), Kinder in Familie und Gesellschaft zu Beginn des 21sten Jahrhunderts. Stuttgart: Lucius und Lucius. 105 - 130.

Mahmoody, Betty (1990), Nicht ohne meine Tochter. Bergisch Gladbach: Bastei-Lübbe.

Markefka, Manfred und Bernhard Nauck, Hrsg. (1993), Handbuch der Kindheitsforschung. Neuwied.

Morgenroth, Olaf und Hans Merkens (1997), Wirksamkeit familialer Umwelten türkischer Migranten in Deutschland. In: Nauck, Bernhard und Ute Schönpflug, Hrsg. (1997), Familien in verschiedenen Kulturen. Stuttgart: Enke. 303 - 323.

Münz, Rainer et al. (1999), Zuwanderung nach Deutschland: Strukturen, Wirkungen, Perspektiven. 2., aktualisierte und erweiterte Auflage. Frankfurt am Main: Campus.

Naegele, Gerhard und Rudolph M. Schütz (1999), Hrsg., Soziale Gerontologie und Sozialpolitik für ältere Menschen. Opladen: Westdeutscher Verlag.

Nauck, Bernhard und Ute Schönpflug Hrsg. (1997), Familien in verschiedenen Kulturen. Stuttgart: Enke.

Nauck, Bernhard, Annette Kohlmann und Heike Diefenbach (1997), Familiäre Netzwerke, intergenerative Transmission und Assimilisationsprozesse bei türkischen Migrantenfamilien. In: Kölner Zeitschrift für Soziologie und Sozialpsychologie, 49. 477 - 499.

Nauck, Bernhard und Monika Alamdar-Niemann (1998), Migrationsbedingter Wandel in türkischen Familien und seine Auswirkungen auf Eltern-Kind-Beziehungen und Erziehungsverhalten. Gutachten für den Arbeitskreis Neue Erziehung zum Projekt „Interkulturelle Elternarbeit zur Unterstützung türkischer Eltern bei der Wahrnehmung ihres Erziehungsauftrages". Berlin: Arbeitskreis Neue Erziehung.

Nauck, Bernhard und Annette Kohlmann (1998), Verwandtschaft als soziales Kapital – Netzwerkbeziehungen in türkischen Migrantenfamilien. In: Wagner, Michael und Yvonne Schütze (Hrsg.), Verwandtschaft: sozialwissenschaftliche Beiträge zu einem vernachlässigten Thema. Stuttgart: Enke. 203 - 233.

Nauck, Bernhard (2000), Eltern-Kind-Beziehungen in Migrantenfamilien – ein Vergleich zwischen griechischen, italienischen, türkischen und vietnamesischen Familien. In: Sachverständigenkommission 6. Familienbericht

(Hrsg.), Familien ausländischer Herkunft in Deutschland. Bd. 1. Empirische Beiträge zur Familienentwicklung und Akkulturation. Opladen: Leske+Budrich. 273 - 302.

Nauck, Bernhard (2001), Generationenbeziehungen und Heiratsregimes – theoretische Überlegungen zur Struktur von Heiratsmärkten und Partnerwahlprozessen am Beispiel der Türkei und Deutschland. In: Klein, Thomas Hrsg., Partnerwahl und Heiratsmuster. Sozialstrukturelle Voraussetzungen der Liebe. Opladen: Leske+Budrich. 35 - 55.

Neidhardt, Friedhelm, Hrsg. (1983), Gruppensoziologie. Opladen: Leske+Budrich.

Nestmann, Frank (1996), Familie als soziales Netzwerk und Familie im sozialen Netzwerk. In: Böhnisch, Lothar und Karl Lenz, Hrsg., Familien – eine interdisziplinäre Einführung. Weinheim: Juventa. 213 - 236.

Neusel, Ayla et al., Hrsg. (1991), Aufstand im Haus der Frauen. Frauenforschung aus der Türkei. Berlin: Orlanda Frauenverlag.

Nökel, Sigrid (1999), Das Projekt der Neuen Islamischen Weiblichkeit als Alternative zu Essentialisierung und Assimilierung. In: Jonker, Gerdien (Hrsg.), Kern und Rand. Religiöse Minderheiten aus der Türkei in Deutschland. Berlin: Das Arabische Buch. 187 - 205.

Nökel, Sigrid (2002), Die Töchter der Gastarbeiter und der Islam. Zur Soziologie alltagsweltlicher Anerkennungspolitiken. Bielefeld: transcript Verlag.

Ochse, Gabriele (1999), Migrantinnenforschung in der Bundesrepublik Deutschland und den USA. Schriftenreihe des Instituts für Bildung und Kommunikation in Migrationsprozessen (IBKM) an der Carl von Ossietzky Universität Oldenburg, Nr. 5. Oldenburg: Bibliotheks- und Informationssystem.

Ofner, Ulrike Selma (2003), Akademikerinnen türkischer Herkunft. Narrative Interviews mit Töchtern aus zugewanderten Familien. Berliner Beiträge zur Ethnologie, Bd. 3. Berlin: Weißensee Verlag.

Ott, Cornelia (2000), Zum Verhältnis von Geschlecht und Sexualität unter machttheoretischen Gesichtspunkten. In: Schmerl, Christiane et al., Hrsg., (2000), Sexuelle Szenen. Inszenierungen von Geschlecht und Sexualität in modernen Gesellschaften. Opladen: Leske+Budrich. 183 -193.

Otyakmaz, Berrin Özlem (1995), Auf allen Stühlen. Das Selbstverständnis junger türkischer Migrantinnen in Deutschland. Köln: Neuer ISP Verlag.

Özkara, Sami (1988), Zwischen Lernen und Anständigkeit. Erziehungs- und Bildungsvorstellungen türkischer Eltern. Frankfurt am Main.

Payandeh, Mitra (2002), Emanzipation trotz Patriarchat? Türkische Frauen des Bildungsmilieus berichten über ihr Leben. Eine qualitative Fallstudie. Marburg: Tectum Verlag.

Peuckert, Rüdiger (1999), Familienformen im sozialen Wandel. 3., völlig überarbeitete und erweiterte Auflage. Opladen: Leske+Budrich.

Pfluger-Schindelbeck, Ingrid (1989), „Achte die Älteren, liebe die Jüngeren". Sozialisation türkischer Kinder. Frankfurt am Main.

Pillemer, Karl und Phyllis Moen (2000), Kinder nach der Kindheit: Beziehungen zwischen erwachsenen Kindern und ihren Eltern. In: Lange, Andreas und Wolfgang Lauterbach, Hrsg., Kinder in Familie und Gesellschaft zu Beginnn des 21sten Jahrhunderts. Stuttgart: Lucius und Lucius. 59 - 86.

Pinn, Irmgard und Marlies Wehner (1995), EuroPhantasien. Die islamische Frau aus westlicher Sicht. Duisburg: DISS – Duisburger Institut für Sprach- und Sozialforschung.

Pries, Ludger, Hrsg. (1997a), Transnationale Migration. Soziale Welt, Sonderheft 12.

Pries, Ludger (1997), Neue Migration im transnationalen Raum. In: Ders. (Hrsg.), Transnationale Migration. Soziale Welt, Sonderheft 12. 15 - 46.

Pries, Ludger (2001), Internationale Migration. Bielefeld: transcript Verlag.

Reichertz, Jo (2000a), Abduktion, Deduktion und Induktion in der qualitativen Sozialforschung. In: Flick, Uwe et al. (Hrsg.), Qualitative Forschung. Ein Handbuch. Reinbek bei Hamburg: Rowohlt Taschenbuch Verlag. 276 - 286.

Reichertz, Jo (2000b), Objektive Hermeneutik und hermeneutische Wissenssoziologie. In: Flick, Uwe et al. (Hrsg.), Qualitative Forschung. Ein Handbuch. Reinbek bei Hamburg: Rowohlt Taschenbuch Verlag. 514 - 524.

Reimer, Wulf (2003), Ein mörderischer Ehrbegriff. In: Süddeutsche Zeitung, 04.12.2003.

Riesner, Silke (1991), Junge türkische Frauen der zweiten Generation in der Bundesrepublik Deutschland. Eine Analyse von Sozialisationsbedingungen und Lebensentwürfen anhand lebensgeschichtlich orientierter Interviews. 2. Auflage. Frankfurt am Main: IKO – Verlag für Interkulturelle Kommunikation [orig. 1990].

Rosen, Rita und Gerd Stüwe (1985), Ausländische Mädchen in der Bundesrepublik. Opladen: Leske+Budrich.

Rosen, Rita (1986), „Muß kommen, aber nix von Herzen". Zur Lebenssituation von Migrantinnen. Opladen: Leske+Budrich.

Rosen, Rita (1993), Mutter – Tochter, Anne – Kiz: zur Dynamik einer Beziehung. Ein kultureller Vergleich. Opladen: Leske+Budrich.

Rüffer, Wolfgang (2001), Bildungshomogamie im internationalen Vergleich – die Bedeutung der Bildungsverteilung. In: Klein, Thomas, Hrsg., Partnerwahl und Heiratsmuster. Sozialstrukturelle Voraussetzungen der Liebe. Opladen: Leske+Budrich. 99 - 131.

Runkel, Gunter (2003), Die Sexualität in der Gesellschaft. Schriftenreihe der Deutschen Gesellschaft für Sozialwissenschaftliche Sexualforschung, Band 1. Münster: LIT Verlag.

Sachverständigenkommission 6. Familienbericht, Hrsg. (2000), Familien ausländischer Herkunft in Deutschland: Empirische Beiträge zur Familienentwicklung und Akkulturation. Materialien zum 6. Familienbericht, Band 1. Opladen: Leske+Budrich.

Sachverständigenkommission 6. Familienbericht, Hrsg. (2000), Familien ausländischer Herkunft in Deutschland. Lebensalltag. Materialien zum 6. Familienbericht, Band 2. Opladen: Leske+Budrich.

Sammet, Kornelia (2003), Sexualität im Beziehungsaufbau. Zum Wandel geschlechtsspezifischer Muster in der zweiten Hälfte des 20. Jahrhunderts. In: Lenz, Karl (Hrsg.), Frauen und Männer. Zur Geschlechtstypik persönlicher Beziehungen. Weinheim, München: Juventa. 93 - 116.

Schelsky, Helmut (1958), Soziologie der Sexualität. Über die Beziehungen zwischen Geschlecht, Moral und Gesellschaft. Hamburg: Rowohlt. [orig. 1955].

Schenk, Michael (1983), Das Konzept des sozialen Netzwerks. In: Neidhardt, Friedhelm, Hrsg., Gruppensoziologie. Opladen: Leske+Budrich. 88 - 104.

Schiffauer, Werner (1983), Die Gewalt der Ehre. Erklärungen zu einem türkisch-deutschen Sexualkonflikt. Frankfurt am Main: Suhrkamp.

Schiffauer, Werner (1991), Die Migranten aus Subay. Türken in Deutschland: eine Ethnographie. Stuttgart: Klett-Cotta.

Schiffauer, Werner, Hrsg. (1993), Familie und Alltagskultur. Facetten urbanen Lebens in der Türkei. Frankfurt am Main: Die Deutsche Bibliothek.

Schiffauer, Werner (2000), Die Gottesmänner. Türkische Islamisten in Deutschland. Frankfurt am Main: Suhrkamp.

Schiffauer, Werner (2003), Migration und kulturelle Differenz. Studie für das Büro der Ausländerbeauftragten des Senats von Berlin.

Schiffauer, Werner (2003a), Selbstverortungen – Eine kleine Geschichte der Arbeitsmigration. In: Ders., Migration und kulturelle Differenz. Studie für das Büro der Ausländerbeauftragten des Senats von Berlin. 15 - 28.

Schiffauer, Werner (2003b), Ein Ehrdelikt – Zum Wertewandel bei türkischen Einwanderern. In: Ders., Migration und kulturelle Differenz. Studie für das Büro der Ausländerbeauftragten des Senats von Berlin. 29 - 46.

Schiffauer, Werner (2003c), „Wir sind stolz, Ausländer zu sein." – Zum Mechanismus der Selbstethnisierung. In: Ders., Migration und kulturelle Differenz. Studie für das Büro der Ausländerbeauftragten des Senats von Berlin. 47 - 57.

Schiffauer, Werner (2003d), Kulturelle Zuschreibungen – Fremdethnisierung an der Schule. In: Ders., Migration und kulturelle Differenz. Studie für das Büro der Ausländerbeauftragten des Senats von Berlin. 58 - 67.

Schlehe, Judith, Hrsg. (2000), Zwischen den Kulturen – Zwischen den Geschlechtern. Kulturkontakte und Genderkonstrukte. Münster: Waxmann.

Schlötzer, Christiane (2003), Wie Gewalt ein Leben zerschneiden kann. In: Süddeutsche Zeitung, 19.01.2003.

Schmalz-Jacobsen, Cornelia und Georg Hansen, Hrsg. (1997), Kleines Lexikon der ethnischen Minderheiten in Deutschland. München: Beck.

Schmerl, Christiane et al., Hrsg. (2000), Sexuelle Szenen. Inszenierungen von Geschlecht und Sexualität in modernen Gesellschaften. Opladen: Leske+Budrich.

Schmidt, Gunter (2000), Spätmoderne Sexualverhältnisse. In: Schmerl, Christiane et al., Hrsg., Sexuelle Szenen. Inszenierungen von Geschlecht und Sexualität in modernen Gesellschaften. Opladen: Leske+Budrich. 268 - 279.

Schmidt, Renate-Berenike (2003), Lebensthema Sexualität. Sexuelle Einstellungen, Erfahrungen und Karrieren jüngerer Frauen. Opladen: Leske+Budrich.

Schmidt-Denter, Ulrich (1993), Eltern-Kind- und Geschwisterbeziehungen. In: Markefka, Manfred und Bernhard Nauck, Hrsg., Handbuch der Kindheitsforschung. Neuwied. 337 - 352.

Schneider, Norbert F., Doris Rosenkranz und Ruth Limmer (1998), Nicht-konventionelle Lebensformen. Entstehung, Entwicklung, Konsequenzen. Opladen: Leske+Budrich.

Schröer, Norbert, Hrsg., (1994), Interpretative Sozialforschung. Auf dem Wege zu einer hermeneutischen Wissenssoziologie. Opladen: Westdeutscher Verlag.

Schröer, Norbert (1994), Umriß einer hermeneutischen Wissenssoziologie. In: Schröer, Norbert, Hrsg., Interpretative Sozialforschung. Auf dem Wege zu einer hermeneutischen Wissenssoziologie. Opladen: Westdeutscher Verlag. 9 - 25.

Schröer, Norbert (1997), Wissenssoziologische Hermeneutik. In: Hitzler, Ronald und Anne Honer, Hrsg., Sozialwissenschaftliche Hermeneutik. Eine Einführung. Opladen, Leske+Budrich. 109 - 129.

Schulze, Gerhard (1996), Die Erlebnis-Gesellschaft: Kultursoziologie der Gegenwart. 6. Auflage. Frankfurt am Main, New York: Campus. [orig. 1992].

Schütz, Alfred (1981), Der sinnhafte Aufbau der sozialen Welt. Eine Einleitung in die verstehende Soziologie. 2. Auflage. Frankfurt am Main: Suhrkamp. [orig. 1932].

Selting, Margret et al. (1998), Gesprächsanalytisches Transkriptionssystem (GAT). In: Linguistische Berichte 173, 91 - 122.

Simmel, Georg (1908a), Soziologie. Untersuchungen über die Formen der Vergesellschaftung. Berlin: Duncker & Humblot.

Simmel, Georg (1908), Exkurs über den Fremden. In: Ders., Soziologie. Untersuchungen über die Formen der Vergesellschaftung. Berlin: Duncker & Humblot. 509 - 512.

Simon, William und John H. Gagnon (2000), Wie funktionieren sexuelle Skripte? In: Schmerl et al., Hrsg., Sexuelle Szenen. Inszenierungen von

Geschlecht und Sexualität in modernen Gesellschaften. Opladen: Leske+Budrich. 70 - 95.

Soeffner, Hans-Georg (1989), Die Auslegung des Alltags – der Alltag der Auslegung. Frankfurt am Main: Suhrkamp.

Soeffner, Hans-Georg und Ronald Hitzler (1994), Hermeneutik als Haltung und Handlung. Über methodisch kontrolliertes Verstehen. In: Schröer, Norbert, Hrsg., 1994, Interpretative Sozialforschung. Auf dem Wege zu einer hermeneutischen Wissenssoziologie. Opladen: Westdeutscher Verlag. 28 - 54.

Soeffner, Hans-Georg (2000), Sozialwissenschaftliche Hermeneutik. In: Flick, Uwe et al., Hrsg., Qualitative Forschung. Ein Handbuch. Reinbek bei Hamburg: Rowohlt Taschenbuch Verlag. 164 - 175.

Spiegel, Der (2003), Das Prinzip Kopftuch. Muslime in Deutschland. Nr. 40 vom 29.09.2003.

Spiekermann, Franz (2003), Scheherazades Töchter. In: Der Tagesspiegel, 29.01.2003.

Stichweh, Rudolf (1998), Migration, nationale Wohlfahrtsstaaten und die Entstehung der Weltgesellschaft. In: Bommes, Michael und Jost Halfmann, Hrsg., Migration in nationalen Wohlfahrtsstaaten: theoretische und vergleichende Untersuchungen. Osnabrück: Rasch. 49 - 62.

Straßburger, Gaby (1999a) Eheschließungen der türkischen Bevölkerung in Deutschland. In: Migration und Bevölkerung 6/99.

Straßburger, Gaby (1999b) „Er kann deutsch und kennt sich hier aus": Zur Partnerwahl der zweiten Migrantengeneration türkischer Herkunft. In: Jonker, Gerdien et al., Hrsg.: Religiöse Minderheiten aus der Türkei in Deutschland. Berlin. 147 - 167.

Straßburger, Gaby (2001), Warum aus der Türkei? Zum Hintergrund transnationaler Ehen der zweiten Migrantengeneration. In: iza, Zeitschrift für Migration und soziale Arbeit. 1/2001. 40 - 45.

Strasser, Sabine (1996), Die Unreinheit ist fruchtbar! Geschlechterbeziehungen in einem türkischen Dorf. Reinbek bei Hamburg: Rowohlt Taschenbuch Verlag.

Stüwe, Gerd (1982), Türkische Jugendliche. Eine Untersuchung in Berlin-Kreuzberg. Bensheim: päd.extra Buchverlag.

Süzen, Talibe (2003), Das Scheidungsverhalten türkischer Migrantinnen der zweiten Generation in der Bundesrepublik. Die subjektiven Ursachen und Folgen der Scheidung. Frankfurt am Main: Peter Lang.

Teckenberg, Wolfgang (2000), Wer heiratet wen? Sozialstruktur und Partnerwahl. Opladen: Leske+Budrich.

Timur, Serim (1985), Charakteristika der Familienstruktur in der Türkei. In: Abadan-Unat, Nemin (Hrsg.), Die Frau in der türkischen Gesellschaft. Frankfurt am Main: Dagyeli. 56 - 76.

Toprak, Ahmet (2002), „Auf Gottes Befehl und mit dem Worte des Propheten...". Auswirkungen des Erziehungsstils auf die Partnerwahl und die Eheschließung türkischer Migranten der zweiten Generation in Deutschland. Herbolzheim: Centaurus-Verlag.

Vauti, Angelika und Margot Sulzbacher, Hrsg. (1999), Frauen in islamischen Welten. Eine Debatte zur Rolle der Frau in Gesellschaft, Politik und Religion. Frankfurt am Main: Brandes & Apsel.

Viehböck, Eveline und Ljubomir Bratic (1994), Die Zweite Generation. Migrantenjugendliche im deutschsprachigen Raum. Innsbruck: Österreichischer Studienverlag.

Wagner, Michael und Yvonne Schütze, Hrsg. (1998), Verwandtschaft: sozialwissenschaftliche Beiträge zu einem vernachlässigten Thema. Stuttgart: Enke.

Weber, Max (1976), Wirtschaft und Gesellschaft. Grundriß der verstehenden Soziologie. 6., durchges. Auflage. Tübingen: Mohr und Siebeck.

Witzel, Andreas (1982), Verfahren der qualitativen Sozialforschung. Überblick und Alternativen. Frankfurt am Main, New York: Campus Verlag.

Yalcin-Heckmann, Lale (2000): Einige Gedanken zu den drei türkischen Ehrbegriffen »Namus« , »Seref« und »Onur« . In: Deutsch-Türkisches Symposium – Türk-Alman Sempozyumu, Hrsg., Ehre und Würde – Seref ve Onur. Hamburg: Edition Körber-Stiftung. 143 - 154.

Yildiz, Sevdiye (1997), Das andere Geschlecht. Mädchen und Jungen aus türkischen und marokkanischen Herkunftsfamilien in der Migration. In: Ehlers, Johanna, Ariane Bentner und Monika Kowalczyk, Hrsg., Mädchen zwischen den Kulturen. Anforderungen an eine Interkulturelle Pädagogik. Frankfurt am Main: IKO – Verlag für Interkulturelle Kommunikation. 145 - 156.

Zaimoglu, Feridun (1995), Kanak Sprak. 24 Mißtöne vom Rande der Gesellschaft. Hamburg: Rotbuch-Verlag.

Zaimoglu, Feridun (1999), Koppstoff. Kanaka Sprak vom Rande der Gesellschaft. 2. Auflage. Hamburg: Rotbuch Verlag [orig. 1998].

# ANHANG

## Interviewleitfaden

*1. Biografie*

Zunächst möchte ich gerne etwas mehr über dich erfahren.
Erzähl doch mal, wie du aufgewachsen bist.

eventuelle Nachfragen:
Wann bist du geboren?
Wo bist du geboren und wo bist du aufgewachsen?
Hast du Geschwister? (Position in der Geschwisterreihe)

Woher kommen deine Eltern? (Stadt/Land)?
Was machen sie beruflich?
Wo lebt deine Familie heute? /
Möchten deine Eltern in Deutschland bleiben oder möchten sie in die Türkei zurückkehren?

Welche Beziehungen hast du in die Türkei? Wie oft warst/bist du dort, wann zuletzt?
Wie sind deine Erfahrungen in der Türkei?
Wie beurteilst du deine Türkischkenntnisse?
Wo fühlst du dich wohler, in Deutschland oder in der Türkei? Warum?
Was machst du zur Zeit beruflich? wie sind deine Pläne für die Zukunft?
Wie möchtest du in Zukunft leben?

*2. Soziale Netzwerke*

Ich würde gern etwas über dein Verhältnis zu deiner Familie und deinen Freunden erfahren.

*Familiales Netzwerk*

Beschreib doch mal deine Familie.

Wie ist dein Verhältnis zu ... (den einzelnen Familienmitgliedern)?
Hast du auch Freunde/Verwandte in der Türkei/in einem anderen Land?
Wie ist euer Verhältnis?
Wie häufig hast du Kontakt zu Deiner Familie?
Was unternehmt ihr?
Was ist dir wichtig an dem Verhältnis zu deiner Familie?
Wie ist es mit ... (deinen Familienmitgliedern), welche Kontakte und
Freundschaften pflegen sie?
Welche Rolle spielt die Religion in eurer Familie?
In welcher Sprache sprecht ihr zu Hause?
Welche Unterschiede siehst du zwischen deiner Familie und „deutschen"
Familien? Welche Dinge gefallen dir besser, welche schlechter? Warum?

*Außerfamiliales Netzwerk*

Beschreib doch mal deinen Freundeskreis.

eventuelle Nachfragen:

Wer gehört zu deinem Freundeskreis?
Was ist dir wichtig an deinen Freunden?
Was unternehmt ihr?
Welche Kontakte hast du in der Schule/in der Ausbildung/im Beruf und
wie beschreibst du sie?
Hast du mehr türkische oder mehr deutsche Freunde, oder ist das Verhält-
nis in etwa gleich? Was glaubst du, ist der Grund dafür?

*Eigene Verortung*
Welchen Stellenwert hat für dich deine Familie? Und deine Freunde?
Mit wem unternimmst du mehr? Mit wem besprichst du Dinge, die dich
gerade beschäftigen, wem vertraust du dich an, wenn du Probleme hast?

Bist du religiös? (Hältst du den Fastenmonat ein?)

Fühlst du dich eher als „Deutsche" oder eher als „Türkin"?
Wie siehst du dich als (...) in Deutschland? Wie sind deine Erfahrungen?
Gab es Situationen, in denen du dich diskriminiert gefühlt hast? Was ist da
genau passiert?

*3. Zweierbeziehungen*

Was bedeutet für dich „Beziehung" oder „Partnerschaft"?
Was bedeutet für dich „Ehe"?

Welche Erfahrungen hast du bisher gemacht?
Wie hat dein Umfeld (deine Familie, deine Freunde) reagiert?

Bist du verheiratet/möchtest du später einmal heiraten?
Siehst du für dich einen Unterschied, mit einem deutschen Partner oder einem Partner türkischer Herkunft zusammen zu sein?

Hast du Kinder/Möchtest du einmal Kinder haben? Was ist wäre/ist dir bei der Erziehung deiner Kinder besonders wichtig?

Was glaubst du, wie stellt sich deine Familie deinen (zukünftigen) Partner vor, was wünschen sie sich? (Heirat/Kinder, welcher Zeitpunkt)?
Und deine Freunde?
Gibt es Unterschiede zu dem, was du dir vorstellst?

Wie ist/war die Reaktion deiner Familie/Freunde auf deinen Partner/deine Vorstellungen?
Hat sich Euer Verhältnis seitdem verändert? (Inwiefern?)
Wie erlebst Du die Position deiner Familie?

Wie ist das Verhältnis zwischen deinem Freund/ Mann und deiner Familie?
Wie ist dein Verhältnis zur Familie deines Freundes/Mannes? Wie sind ihre Erwartungen an dich?

*4. Sexualität*

Welchen Stellenwert hat Sexualität für dich (in einer/deiner Beziehung)?

Was bedeutet für dich „Ehre" („*namus*")?
Was hältst du von Jungfräulichkeit?

Welche Erwartungen haben deine Eltern, hat deine Familie an dich?